岛市城市文化遗产保护中心丛书

西兵东犯

——德国侵占青岛纪实研究

王建梅　董文祥　著

中国海洋大学出版社

·青岛·

图书在版编目（CIP）数据

西兵东犯：德国侵占青岛纪实研究 / 王建梅，董文
祥著. --青岛：中国海洋大学出版社，2025．7．
（青岛市城市文化遗产保护中心丛书）. --ISBN 978-7
-5670-4205-6

Ⅰ. K256.907

中国国家版本馆CIP数据核字第 20259WD787 号

XIBING DONGFAN——DEGUO QINZHAN QINGDAO JISHI YANJIU

西兵东犯——德国侵占青岛纪实研究

出版发行	中国海洋大学出版社
社　　址	青岛市香港东路23号　　邮政编码　266071
网　　址	http://pub.ouc.edu.cn
出 版 人	刘文菁
责任编辑	张跃飞　　　　　　　　电　　话　0532-85901984
电子信箱	flyleap@126.com
订购电话	0532-82032573（传真）
印　　制	青岛海蓝印刷有限责任公司
版　　次	2025 年 7 月第 1 版
印　　次	2025 年 7 月第 1 次印刷
成品尺寸	190 mm × 260 mm
印　　张	16.5
字　　数	276 千
印　　数	1 ~ 2 800
审 图 号	GS（2025）2927 号
定　　价	98.00 元

发现印装质量问题，请致电 0532-88786655，由印刷厂负责调换。

编委会

1897 年青岛概貌图

1897 年 11 月 14 日，德国殖民者在其东亚巡洋舰队司令迪德里希的指挥下，仅以 3 艘军舰和 700 余人的兵力，在清政府毫无察觉反而"礼迎拜访"的情况下，占领了山东半岛的胶澳地区。作为"瓜分中国餐桌上迟到者"的帝国主义国家，德国满足了在中国强占一个海军基地进而掠夺山东乃至中国内地资源的野心。

"胶州湾事件"在山东乃至全中国人民心中留下了不可忘却的伤痕。这段历史虽已逝去百余年，但中国人民会永远记住这个耻辱。

今天，我们研究这段历史，是为总结经验、汲取教训、正视前途。

王建梅和董文祥借助"亲自实施德帝国殖民者占领行动的侵略者和指挥官"的手记来剖析这个事件，为研究这段历史打开了一个新视野。我想他们意在引起更多人对这段历史的关注，吸引更多人参与研究，让人们深入了解和认识这段历史。虽然仁者见仁，智者见智，但殊途同归，目的只有一个：警示当下，昭示后人。正所谓"前事不忘，后事之师"。

我们正处在一个百年未遇的世界大变局之中，但中国人民唯一的心愿就是复兴中华。在实现这个心愿的征途中，历史研究、中国文化自信是不可或缺的。愿本书能成为这条前行滔滔激流中的一滴水。

夏树忱

　　《西兵东犯——德国侵占青岛纪实研究》以夏树忱先生所翻译的原德国东亚舰队司令恩斯特·奥托·封·迪德里希（Ernst Otto von Diederichs）于 1906 年 8 月在德国巴登 – 巴登（Baden–Baden）整理的《1897 年 11 月 14 日占领青岛手记》（以下简称《手记》）为基础参考，全面阐述了德国为在中国沿海获得一个海军基地选址前前后后的调查论证，以及德国内部的意见分歧和争执不休；德国海军和外交部在侵占方式、措施上的分歧；实施侵占前的策划和千方百计向中方寻衅；德国海军东亚舰队侵占青岛前的谋划；采取军事行动侵占青岛的全过程。揭示了当时德国长期觊觎在中国获得军事、经济、政治等方面利益，以取得"阳光下的地盘"为目的，欲与其他西方列强一决高低和称霸世界的野心；以及因侵略扩张野心的膨胀而自食其果。德国侵占青岛是其推行"世界政策"的产物，德国东亚舰队司令、海军少将恩斯特·奥托·封·迪德里希则是德国侵略扩张政策的坚定拥趸和迫不及待的执行者，正是他忠实地执行德皇威廉二世（Wilhelm Ⅱ）的命令，于 1897 年 11 月 14 日率领东亚舰队占领胶州湾地区（青岛）。

　　习近平总书记强调："历史的启迪和教训是人类的共同精神财富。"

　　德国军事侵占青岛史称"胶州湾事件"，是中国近代历史上的重大事件之一，对中国乃至世界的时局都曾产生过重要影响。我们研究历史，正是为了不忘记历史，并以史实为依据，明确问题导向，深入挖掘有价值的历史信息，助力实践研究以飨读者。

　　青岛被侵占的历史，是旧中国半封建半殖民地的历史缩影。《西兵东犯——德国侵占青岛纪实研究》的编纂，不是空发对历史往事的慨叹，而是为了让广大读者反思这段历史，牢记深刻历史教训，让落后挨打、任人宰割的历史不再重演。

　　本书以历史唯物主义观点，系统地对德国侵占青岛的那段军事行动做详细叙述和研究分析，剖析和批判了迪德里希在《手记》中始终带有的自我吹嘘和炫耀成分以及对中国人的贬低性描述，用批判的思维给予恰当处理，并澄清了一些不实的坊间传说。

本书以40余个章节的内容，结合德国史料与清代史料相互佐证，论述了德国军事占领青岛的全过程；同时，对《手记》中未涉及的、但与之有直接关系的相关事件做了一些引述和研究，并揭示德意志第二帝国由于推行"世界政策"这一膨胀的侵略野心和行径，最终导致惨败的史实。本书使读者能更全面和深入地了解德国侵占青岛的那段历史，是目前较完整反映德国侵占青岛军事行动全过程的研究成果之一，为读者提供一个进一步研究德国侵占青岛史的平台，以铭记历史，激励我们为中华民族伟大复兴而奋斗。

本书以"西兵东犯"为名。"西兵"，德国的军事力量；"东"，主要指清政府治下的中国；"犯"，军事侵略，即19世纪末，德国通过军事侵略的手段，在中国取得它的战略目标。

《孙子·攻谋篇》云："上兵伐谋，其次伐交，其次伐兵，其下攻城。"因此，"伐兵""攻城"已属下策。

"西兵东犯"喻示德国推行的"世界政策"并非善策，在其采取"伐谋""伐交"的策略欲攫取中国沿海一个港口遭受失败后，通过"伐兵""攻城"的侵略行径占领了青岛，虽然苦心经略17年，最终收获的却是"一枚害人害己的苦果"。

Western Armies' Aggression in the East: *A Historical Study on Germany's Seizure of Qingdao* is based on *Notes on the Occupation of Qingdao* on November 14, 1897 (hereinafter referred to as the "Notes") compiled by Ernst Otto von Diederichs, the former commander of the German East Asia Fleet, in Baden-Baden, Germany, in August 1906, translated by Mr. Xia Shuchen. It comprehensively elaborates on Germany's investigation and demonstration before and after the selection of a naval base along the Chinese coast, as well as the internal differences of opinion and disputes in Germany; the differences between the German Navy and the Foreign Ministry on the methods and measures of occupation; the planning before the seizure and the premeditated provocations against China; the planning of the German Navy's East Asia Fleet before the seizure of Qingdao; and the entire process of the military action to invade Qingdao. It reveals that Germany had long coveted military, economic, political and other interests in China at that time, aiming to obtain "a place in the sun", and had the ambition to compete with the Western powers and dominate the world. It also shows that Germany suffered the consequences due to the expansion of its aggressive and expansionist ambitions. Germany's seizure of Qingdao was a product of its "world policy". Ernst Otto von Diederichs, the commander of the East Asia Fleet of the Second German Empire and a rear-admiral, was a firm supporter and eager executor of Germany's aggressive and expansionist policies. It was he who faithfully carried out the order of Emperor Wilhelm II and led the East Asia Fleet to occupy the Jiaozhou Bay area (Qingdao) on November 14, 1897.

General Secretary Xi Jinping emphasized that "the inspiration and lessons of history are the common spiritual wealth of mankind."

Germany's military occupation of Qingdao, historically known as the "Jiaozhou Bay Incident", was one of the major events in modern Chinese history and had an important impact on the situation in China and even in the world. We delve into history precisely to ensure that it is not forgotten, grounding our exploration in factual accounts to clarify issues, unearth valuable historical insights, and enrich practical research for the benefit of our readers.

The history of Qingdao's occupation is a microcosm of the semi-feudal and semi-colonial history of old China. The compilation of *Western Armies' Aggression in the East*: *A Historical Study on Germany's Seizure of Qingdao* is not merely an expression of lament over historical events, but rather a means to encourage readers to reflect on this period of history, to remember the profound lessons of history, and to prevent the recurrence of the history of being bullied and slaughtered due to backwardness.

From the perspective of historical materialism, this book systematically provides a detailed narrative and analytical study of the military actions surrounding Germany's occupation of Qingdao. It analyzes and criticizes the elements of self-boasting and showing off in Diederichs' "Notes" as well as the derogatory descriptions of the Chinese people, applying a critical approach to appropriately address these issues. It also clarifies some unfounded rumors that have circulated among the public.

This book, consisting of more than 40 chapters, integrates German historical records with Qing Dynasty archives to discusses the entire process of Germany's military occupation of Qingdao. Additionally, it references and investigates some relevant events not mentioned in the "Notes" but directly related to it, and reveals the historical fact that the Second German Empire, due to its implementation of the "world policy", with its inflated aggressive ambitions and actions, ultimately led to a devastating defeat. This work enables readers to have a more comprehensive and in-depth understanding of the history of Germany's invasion of Qingdao, standing as the more complete research achievements reflecting the whole process of Germany's military action in the invasion of Qingdao. It provides readers with a platform for further research on the history of Germany's invasion of Qingdao, so as to remember the history and inspire us to strive for the great rejuvenation of the Chinese nation.

This book is titled "Western Armies' Aggression in the East". "Western Armies" refers to the military power of Germany; "the East" mainly refers to China under the rule of the Qing government; "Aggression" refers to military war. That is, at the end of the 19th century, Germany achieved its strategic objectives in China through the means of military aggression.

In the chapter of "Offensive Strategy" in *The Art of War* by Sun Tzu, it is said that "the best strategy is to defeat the enemy by strategy, the second is to defeat the enemy by diplomacy, the third is to defeat the enemy by force of arms, and the worst is to assault fortified cities." Therefore, "defeating the enemy by force of arms" and "assault fortified cities" are already last-resort strategies.

"Western Armies' Aggression in the East" implies that the "world policy" implemented by Germany was not a good strategy. After failing to seize a port along the Chinese coast through the strategies of "defeating the enemy by strategy" and "defeating the enemy by diplomacy", Germany occupied Qingdao by aggressive actions of "defeating the enemy by force of arms" and "assault fortified cities". Despite seventeen years of meticulous efforts, it finally reaped "a bitter fruit that harms both others and itself".

第一章　德国侵占之前胶州湾地区（青岛）的历史简述 … 001

一、胶州湾地区（青岛）的历史地位 ……………… 002

二、青岛名称的由来 ………………………………… 007

第二章　近代德国与西方列强在中国的竞霸 …… 011

一、以大国自居的德意志第二帝国 ……………… 012

二、近代德国侵略扩张史简述 …………………… 014

三、德国组建东亚舰队和谋划一个军港基地 …… 016

第三章　恩斯特·奥托·封·迪德里希 ………… 021

一、迪德里希简介 ………………………………… 022

二、迪德里希的多事之秋 ………………………… 024

三、迪德里希启程走马上任东亚舰队司令 ……… 027

四、迪德里希在德国境内旅途中拜会友人 ……… 029

五、迪德里希自热那亚至香港的海上航行 ……… 030

六、预示幸运的竹竿 ……………………………… 033

七、费迪南·封·李希霍芬男爵对山东的调查结论 … 037

八、"三国干涉还辽"事件及其影响 ……………… 041

第四章　争执不休的舰队基地选址 …………… 043

一、霍夫曼对拟选的港口基地的调查报告 ……… 044

二、犹豫不决的德皇威廉二世 …………………… 048

三、封·梯尔庇茨的调查结论 …………………… 052

四、乔治·弗朗裘斯的调查结论 ………………… 054

第五章　迪德里希到任东亚舰队司令 ………… 059

一、迪德里希到达上海 …………………………… 060

二、迪德里希到任后的调查、谋划与谈判 ……… 062

三、威廉二世访问俄国 …………………………… 069

目录 CONTENTS

目录 CONTENTS

四、阿尔赫西拉斯会议 …………………………… 071

五、德、俄媒体对威廉二世外交手段的评价 ………… 072

六、谋划预购胶州湾沿岸土地 …………………… 073

七、预购土地对德占青岛后土地政策制定的影响 …… 077

第六章 侵占青岛的前奏 …………………………… 085

一、"武昌事件" ………………………………… 086

二、"巨野教案"发生 …………………………… 088

三、侵占青岛的借口和战前准备 ………………… 092

第七章 占领青岛 ………………………………… 101

一、起航驶往胶州湾 …………………………… 102

二、登陆青岛侦察和战前部署 …………………… 105

三、东亚舰队占领青岛 ………………………… 111

四、各方纷争内幕 ……………………………… 133

五、迪德里希的"幸运"抉择 …………………… 145

六、德国占领青岛引发国际外交波澜 …………… 147

七、各方纷争内幕分析 ………………………… 152

八、"永久占领青岛"的最高决策 ……………… 153

九、向清政府提出索赔条款 …………………… 155

十、"赔偿六条"不直接提出"租借青岛"的原因分析 159

十一、巩固占领青岛成果和扩大军事行动 ……… 161

第八章 德国侵占青岛的结局 …………………… 213

一、中德签订《胶澳租借条约》 ………………… 214

二、迪德里希纪念碑 …………………………… 223

三、苦心经略与自食其果 ……………………… 227

附件1 海军少尉的报告 ………………………… 233

附件2 译文节录 ………………………………… 239

结　语 …………………………………………… 245

参考文献 ………………………………………… 247

一、胶州湾地区（青岛）的历史地位

二、青岛名称的由来

胶州湾地区自 6 万年以前就有人类活动的遗迹，北阡遗址、三里河遗址等迭代延展的中国东方文明璀璨夺目。秦始皇三次东巡琅琊、巡游崂山，在琅琊筑祭祀台、建琅琊港，遣徐福带领大型船队由琅琊港起航东渡海上寻仙和东渡日本。汉武帝在胶州湾畔的不其城建明堂、筑交门宫，他是到胶州湾地区巡游次数最多的皇帝。唐宋时期，胶州湾地区成为中国北方最重要的交通枢纽和贸易口岸，宋朝时在胶州板桥镇设立"市舶司"管理对外贸易。明洪武年间（1368—1398 年）在胶州湾地区沿海设立了灵山卫（图 1-1）、鳌山卫和雄崖所、浮山所、夏河所、胶州所等，

▲ 图 1-1　灵山卫古城门，东亚舰队水兵与灵山卫当地村民在城门合影❶

❶ 阎立津编著：《青岛图像志：卷一·建置初期》，青岛：青岛出版社，2023 年，第 94 页。

还有 200 多个军寨、墩、堡、屯分布在胶州湾地区沿海，形成了有效防御海上倭寇侵犯的海防体系。由此，奠定了胶州湾地区重要的陆、海地位，彰显了胶州湾地区悠久的文明史，以及人文历史价值和海防军事价值。

在近代，包括德国在内的西方列强凭借军事优势，纷纷觊觎胶州湾这个自然天成的且极具战略价值的优良海湾，声言要由胶州湾作为跳板"进图北犯"，这让清政府逐渐意识到了在胶州湾加强海防的重要性。

▲ 图 1-2　李鸿章

1885 年 10 月 13 日，清政府设立海军衙门，直隶总督李鸿章（图 1-2）"专司其事"，实际负责北洋海军建设。其中，选择海军基地、布置防务成为当务之急。清政府官员纷纷上书，对海防建设提出意见。

出使德国大臣许景澄（图 1-3）在获悉德国地质地理学家费迪南·冯·李希霍芬（Ferdinand von Richthofen）向德国政府提交的《山东地理环境和矿产资源》报告中对胶州湾优越的地理位置和筑建现代港口的关键性观点后，深感危机，于 1886 年

▲ 图 1-3　许景澄

3 月 13 日上折提出：

> 山东之胶州湾宜及时相度为海军屯埠也……西国兵船测量中国海岸，无处不达，每艳称胶州一湾为屯船第一善埠……且地当南北洋之中，上顾旅顺，下趋江浙，均一二日可达，合以山东一军，扎聚大枝，则敌舰畏我截其后路，必不敢轻犯北洋，尤可为畿疆外蔽……溯自浙之温州以北，至于青、齐滨海各处，非口门坦漫，即港路浅窄，惟该湾形式完善，又居冲要，似为地利之所必争。应请由南北洋大臣全国察看，渐次经营，期于十年而成巨镇。❶

同年 7 月 9 日，陕西道监察御史朱一新也提出：

> 南北洋地势辽远，宜建胶州为重镇，以资联络，兼以屏蔽北洋

❶（清）许景澄：《出使德国大臣许景澄折》，青岛市档案馆、中国第一历史档案馆编：《胶州湾事件档案史料汇编》（上册），青岛：青岛出版社，2011 年，第 1 页。

也……欲固旅顺、威海卫，则莫如先固胶州。❶

这些观点均指出，西方列强对中国绵长的海岸各港口进行考察后，都称赞胶州湾为第一良港，非其他港口所能比，且地处要冲，实乃兵家必争之地；希望清政府逐步建设，在十年之内建成重要的海军基地，以达到沟通南北洋、遏制敌海上力量活动范围的战略目标，则可实现御敌于疆土之外。

直隶总督、北洋大臣李鸿章却认为，北洋水师实力艰难竭蹶，"断难远顾胶州"，应"渐次经营"。1886 年 7 月 16 日，他在《筹议胶澳公函》中提出：

> 至山东胶州湾宜为海军屯埠一节，规画远大，尤关紧要……而北洋目前兵力饷力实形竭蹶，一旅顺小口，澳坞、军库，并日而营，至今尚未齐备，断难远顾胶州……俟酌有余款，再行购炮筑台，渐次经营。❷

1891 年，在北洋水师成立三年之际，直隶总督、北洋大臣李鸿章与北洋海军帮办大臣、山东巡抚张曜（图1-4）校阅海军，并赴胶州湾察看形势。6 月 5 日，李鸿章一行乘船驶抵胶州湾，此次实地勘察使他对胶州湾的战略地位有了新的认识，但也只是采取建设防御性设施的举措。6 月 13 日，李鸿章与张曜联名奏请在胶州湾和烟台建筑炮台，驻军设防。其奏折夹片载：

▲ 图1-4　张曜

> 再，胶州海澳宽深，口门紧曲，昔年英、法兵舰犯津，皆在威海、大连湾停顿，现在威、大各口修筑炮台，水师相依，俱成海防重镇。若有敌船远来，必求一深水船澳停驻之处。至于称隙登岸陆路内犯之说，尤可虑也，是胶澳设防实为要图……北洋为京畿门户，海防一日不密，臣心一日不安。❸

因清朝国力空虚，无力支持在胶州湾屯驻海军舰船，李鸿章的奏请不过是胶州湾设防而已，即退而求其次，通过修筑炮台防止外敌入侵，仍然没有考虑在胶

---

❶（清）朱一新：《陕西道监察御史朱一新条陈》，青岛市档案馆、中国第一历史档案馆编：《胶州湾事件档案史料汇编》（上册），青岛：青岛出版社，2011 年，第 2 页。

❷（清）李鸿章：《直隶总督李鸿章筹议胶澳公函》，青岛市档案馆、中国第一历史档案馆编：《胶州湾事件档案史料汇编》（上册），青岛：青岛出版社，2011 年，第 3-4 页。

❸（清）李鸿章等：《直隶总督李鸿章等片》，青岛市档案馆、中国第一历史档案馆编：《胶州湾事件档案史料汇编》（上册），青岛：青岛出版社，2011 年，第 9-10 页。

州湾建设海军基地的战略布局。

李鸿章等人的提议获得了光绪皇帝（图1-5）同意。1891年6月14日，内阁明发上谕："另片奏拟在胶州、烟台各海口添筑炮台等语，著照所请"❶，批准在胶州湾设防。这是青岛历史上具有标志意义的事件，拉开了青岛成为"巨镇"的序幕，乃是青岛城市建置之始。

▲图1-5　光绪皇帝

1892年，登州镇总兵章高元（图1-6）奉旨率所部驻防胶州湾青岛村一带，驻防部队为步兵和炮兵共4营，约1 500人。为此，修筑了坐镇青岛的总兵衙门（位于今青岛人民会堂一带）、兵营、炮台、货运栈桥等一应设施。

1894年3月间，在炮台工程紧要之际，章高元的母亲去世，章高元本应丁忧。山东巡抚福润与直隶总督李鸿章奏请："恳将该镇改为署任，并赏假百日，扶柩回籍后仍回署任"❷；后因工程关系至重，进度异常吃紧，需要章高元亲自督办经理，遂又奏请："（章高元）暂缓回籍，假期内凡台工事宜，仍归该镇一手经理"。后福润再次奏请章高元"改为署理"，光绪帝准奏："章高元著改为署任"。❸

▲图1-6　章高元

由此，章高元除了统领驻防胶州湾清军的日常防务和训练外，便一手经理：订置炮位、购备料物、督率各营弁勇劈山开路、建立台基、填筑营盘等一应事务。修筑驻扎军队的四座兵营，即嵩武营（今中国海洋大学鱼山校区内）、骧武营（今湖北路附近）、广武营（今西镇青岛肉联厂附近）、炮兵营（位于今鱼山路）。修建完成位于衙门山（也俗称东南山，位于金口二路）海岸防御炮台，原计划修筑三座炮台，至1897年只完成这一座。衙门内架设有线电报台，还修建运输功能的前海码头。青岛村一带因此由渔耕之村和南北货交易口岸，发展成为军事要地，渐呈繁华。

---

❶《内阁明发上谕》，青岛市档案馆、中国第一历史档案馆编：《胶州湾事件档案史料汇编》（上册），青岛：青岛出版社，2011年，第10页。

❷《光绪二十年正月二十日京报全录》，《申报》1894年3月11日第14版。

❸《光绪二十年二月十一日京报接录》，《申报》1894年3月26日第12版。

1897年2月13日，负责总理各国事务衙门的恭亲王奕䜣（图1-7）等在上奏光绪帝的奏折中提出：

> ……为山东胶州海口形势紧要，现拟建设船坞，屯扎兵轮，以资扼守，而杜觊觎事。

> ……是以光绪二十一年十月间俄国兵船请借该处停泊守冻……上年十二月间，海靖竟指明胶州澳恩请借让，虽经臣等迭次坚拒，而该国借地之谋始终未已，难保日后不更来尝试。臣等会同商酌，非有先发制人之策，不足以杜外人冀幸之心。上年八月间臣等奏明订购德国穹甲快船三艘、英厂铁甲快船两艘、德厂雷艇三艘，均已开工制造，计期今冬明春可以陆续来华。若即在胶州澳停泊，实足以固吾围而折敌谋。惟船坞、炮台一切工程，必须先期经理，方臻妥办。❶

从以上奏折中可以看出，俄国舰船的暂时越冬停泊，德国屡次提出租借，以及英、法等西方列强纷纷觊觎胶州湾，迫使清政府上下愈发有危机感，认识到胶州湾具有重要战略价值，以及在此建设北洋水师铁甲舰船屯扎基地，可以先发制人、御敌于外和巩固国防的紧迫感和必要性。虽然清政府重视了起来，然而，建设船坞（港口码头）非三年五载之事，且为时已晚。

▲ 图1-7　恭亲王奕䜣　　▲ 图1-8　清军驻防青岛概貌，近处建筑群是清军炮兵营、远处可见栈桥、总兵衙门、青岛村等❷

---

❶ （清）奕䜣等：《总理各国事务衙门恭亲王奕䜣等折》，青岛市档案馆、中国第一历史档案馆编：《胶州湾事件档案史料汇编》（上册），青岛：青岛出版社，2011年，第16页。

❷ 阎立津编著：《青岛图像志·卷一·建置初期》，青岛：青岛出版社，2023年，第124页。

"青岛"，始见于明初文献记载。据《青岛市地名志》所载：

1579 年（明代万历七年）版《即墨县志》中记有"青岛"两处，一处未注明具体地理方位，另一处记"青岛，在县东一百里"，"县东"即田横岛群里的"青岛"（1984 年改称三平岛，胶州湾的青岛位于"县南"）。1591 年版《胶州志》在胶州湾口标注岛屿有"青岛、黄岛、薛家岛"，"青岛"与"淮子口"相对。淮子口为明清胶州湾口的通称，按其地理方位，此处的"青岛"当指现今的"小青岛"。1751 年刊刻的《灵山卫志》记载："小青岛在淮子口对岸，入海者之必由道。"道光《重修胶州志》和同治《即墨县志》均从此说。

图中标注"青岛"的海中小岛，当为今小青岛。

"青岛村"始建于明朝初年。1924 年编修的《胡氏族谱》记载：吾族相传自明永乐初年（1403 年）由云南迁居即墨，世居青岛之上庄，聚族而居，五百余载。初称青岛村，后因村民繁衍，分出一支，迁居今湖南路和广西路一带，因处青岛村坡下，故称下青岛村，俗称下庄，原青岛村则称上青岛村，俗称上庄。说明"青岛"之名的出现不晚于明初。就村落得名来看，村以

岛得名，即"先有青岛，后有青岛村"。❶

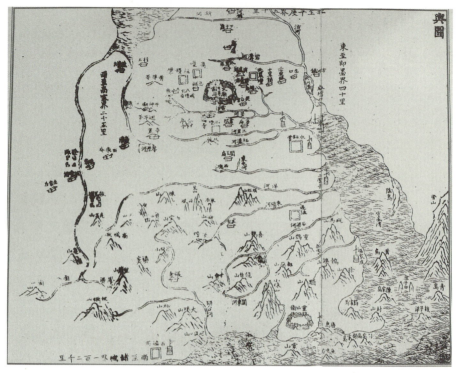

🔺 图1-9　乾隆《胶州志》中的《胶州舆图》（局部）❷

　　以上文献记载说明，历史上各个年代所指的岛屿"青岛"即现今的"小青岛"。德国侵占青岛前，作为一个地域名称，"青岛"所指范围较大：旁边的海湾称为"青岛口"，青岛口东北山岭南麓的古村落为"青岛村"，村后的山称为"青岛山"，环绕青岛村自东北入西南青岛口的小河称为"青岛河"，这些名称均和这座小岛有直接关系。

　　明代成化三年（1467年），青岛口建成天后宫，标志着青岛口确立在沿海口岸的地位，南北商贾往来逐渐增多。清同治年间（1862—1874年）重修天后宫，其《募建戏楼碑记》记载："窃闻青岛开创以来，百有余年矣，迄今商旅客人，云集而至。"1897年《海云堂随记》记载，青岛村一带已有商业店铺71家之多❸。

❶ 青岛市民政局编：《青岛市地名志》，青岛：青岛出版社，2022年，第20页。
❷ 青岛市档案馆编著：《图说老青岛》，青岛：青岛出版社，2016年，第6—7页。
❸ （清）胡存约：《海云堂随记（摘录）》，青岛市博物馆、中国第一历史档案馆、青岛市社会科学研究所编：《德国侵占胶州湾史料选编（1897—1898）》，济南：山东人民出版社，1987年，第22页。

🔺 图 1-10　德占之初青岛村集市，商铺林立，交易繁荣，图中可见德
国军人在集市交易❶

　　清代官方将当时的胶州湾也称为"胶州澳"，"青岛"作为其一部分。1891 年
6 月 13 日，《直隶总督李鸿章等奏折》称："轮船进口系向西行，青岛在北，陈家
岛在南，相距六里"❷。这里所指的"青岛"即青岛村所属范围，"陈家岛"即现今
凤凰岛范围内。

🔺 图 1-11　1907 年左右在总督官邸俯瞰青岛口 ❸

　　青岛村被拆除，正在建设总督官邸花园。海中小岛是被史籍记载的"青
岛"（今小青岛），德占时期称为"阿尔柯纳岛"，岛上灯塔依稀可辨

❶ 青岛市政协文史研究会编、车韬著：《世纪光影——照片中的青岛旧事》，青岛：中国海洋大学
出版，2022 年，第 135 页。
❷ （清）李鸿章等：《直隶总督李鸿章等奏折》，青岛市档案馆、中国第一历史档案馆编：《胶州湾
事件档案史料汇编》（上册），青岛：青岛出版社，2011 年，第 10 页。
❸ 王建梅、董文祥：《美美与共——解读青岛德国总督官邸旧址东西方建筑文化与风格交融之美》，
青岛：青岛出版社，2023 年，第 74 页。

　　"青岛"作为城区和城市之名的历史仅百余年。德占胶州湾地区初期，整个租借地名称并不统一，德国人称之为"胶州""胶州湾""胶州地区""租借地""保护区"等。为了规范租借地名称，德国政府将市区取了所在地村庄"青岛"的名字，而没有像在非洲或南美洲的其他殖民地那样，取一个德国名字。"青岛"原拼写为"Tsintau"。1899 年 10 月 12 日，德皇威廉二世下令将胶澳租借地市区正式命名为"青岛（Tsingtau）"，这更接近于中文名称的发音；将今天的小青岛称为"阿尔柯纳岛（Arkona Island）"。

　　1922 年，青岛主权回归中国后，城市称为"胶澳商埠"。1929 年南京国民政府接管后，将城市命名为"青岛特别市"，将近岸"山岩耸秀，林木翁清"的"青岛"改称为"小青岛"，与城市名称作区别。

　　为从地理名称方面便于读者了解和阅读，笔者在以后的表述当中，将"胶州湾""胶州湾地区""胶澳"等名称多以"青岛"称之，并且仅以德国东亚舰队占领原清总兵衙门为中心的青岛村和附近几座兵营为"青岛"的范围。

近代德国与西方列强
在中国的竞霸

第二章

一、以大国自居的德意志第二帝国

二、近代德国侵略扩张史简述

三、德国组建东亚舰队和谋划一个军港基地

以大国自居的德意志第二帝国

　　欧洲列强在大面积瓜分完非洲、南亚之后，便把东亚区域视为其利益所在。19世纪初，在东南亚沿海区域连同马六甲海峡地区就已出现了第一批英国殖民地。从19世纪60年代起，法国军队渐次占领了今柬埔寨、越南南部、老挝等区域并组成为法属印度支那。他们通过建设基础设施，对这些领土加以开拓，开采当地的矿藏并进行经济掠夺。

　　清朝统治下的中国，在经历了"康乾盛世"的疆域稳固、经济和文化繁荣之后，自19世纪开始便江河日下。尤其是鸦片战争以后，西方列强借用坚船利炮迫使清政府开放沿海口岸用于国际自由贸易，在这些地方建立享有治外法权的外国租界进行通商和军事渗透。此时的中国山河破碎，列强环伺。

　　因第一次鸦片战争失败，清政府不得不割让香港岛给英国建立所谓的"皇冠殖民地"，就此暴露出的软弱，导致英、法、美、俄、德、日、意、比、奥等国于19世纪中叶至20世纪初在中国肆意横行，争相占领"地盘"，在政治、军事、经济、文化等方面进行侵略，甚至各殖民国家私下相互达成协议，以所谓相关势力范围来瓜分中国（图2-1）。

　　德意志第二帝国作为西方列强的"后起之秀"，自19世纪80年代起以大国自居，专横地出现在中国，参与对中国的蓄意瓜分。1897年11月1日深夜，两位德国传教士在山东巨野县磨盘张庄被杀，这就是轰动中外的"巨野教案"。德国以此为借口旋即武力侵占胶州湾，史称"胶州湾事件"。

1898 年 3 月 6 日，清政府被迫与德国签订《胶澳租借条约》。

1899 年 10 月 12 日，德皇威廉二世下令将胶澳租借地市区正式命名为"青岛（Tsingtau）"。德国在青岛经略 17 年，以创建所谓"模范殖民地"，以及把青岛建设成为"在东亚重要的军事基地""在东亚的文化中心""德国城市建筑艺术的展览馆""自由贸易港""以青岛为跳板扩大势力范围"等为目标，与西方列强一决高低，来显示德国在政治、经济、军事等方面的实力。单从城市景观方面来看，建筑整齐美观，但绝不雷同，重重红色屋顶跃动于层层翠绿之中，以总督府、警察局、火车站、基督教堂等公共建筑以及

▲ 图 2-1　鸦片战争后西方列强瓜分中国漫画示意图（《时局图》）❶

山、海、岛等自然条件作为各个街区的对景，楼不遮山，路路通海，城市建筑与自然很协调。德国学者华纳认为，这景色简直像是德国的一个小小剪影，这剪影在移植过程中变得愈加完美。

▲ 图 2-2　德国花费巨资建设"模范殖民地"。德占时期在观象山上拍摄俾斯麦大街（今江苏路）周边及山海城于一体的美丽都市画卷❷

❶ 阎立津编著：《青岛图像志：卷一·建置初期》，青岛：青岛出版社，2023 年，第 404 页。
❷ 王建梅、董文祥：《美美与共——解读青岛德国总督官邸旧址东西方建筑文化与风格交融之美》，青岛：青岛出版社，2023 年，第 51 页。

近代德国侵略扩张史简述

　　1861年，普鲁士国王威廉一世（Wilhelm Ⅰ）即位。

　　1862年9月30日，奥托·爱德华·利奥波德·封·俾斯麦（Otto Eduard Leopold von Bismarck）被任命为普鲁士首相兼外交大臣，积极支持威廉一世推行的军事改革和德意志统一大业，并策划和执行对外扩张的"大陆政策"。俾斯麦在议会的首次演说中宣称："当代重大问题不要指望用演说和多数人投票来解决，能够解决问题的应该是铁和血。""铁和血"成为普鲁士及德意志联邦扩张政策的代言辞。普鲁士分别在1864年的普丹战争和1866年的普奥战争中击败了丹麦和奥地利，赢得了胜利。1870年，威廉一世领导德意志南、北诸邦，在普法战争中击败法国；1871年1月18日，普鲁士国王威廉一世在法国凡尔赛宫加冕为德意志帝国皇帝，是为"德意志第二帝国"。从此，德意志帝国从一个松散的联邦体变成一个联邦制国家，综合国力也因此呈现强劲的上升势头，凭借强大的工业生产能力和水平，力压英、法等老牌帝国主义国家，其对外政策更具侵略性，其殖民地遍及非洲、太平洋岛国等，然后将殖民触角延伸至东亚地区。为了保护德国在东亚的利益和显示其军事实力，于1869年派遣一支所谓的"游击舰队"到东亚，游弋于东亚沿海各国之间。

　　1888年6月，德皇威廉二世（Wilhelm Ⅱ）（图2-3）继位，积极推行"世界政策"。德国人要证明给世人看："我们也要求我们在阳光下的地盘"，体现了与号称"日不落帝国"的英

国等世界列强争霸的野心，而侵占青岛正是这一政策
的产物。

图 2-3　威廉二世（Wilhelm II）

1895 年，日本赢得甲午战争，一跃成为亚洲霸主，
这一情形让欧洲国家警惕起来。在德皇威廉二世的鼓噪
下，以德国和俄国为代表的欧洲国家，掀起了喧嚣一时
的"黄祸论"。他们臆想：一个已经西化的日本率领正
在崛起的中国龙，将会挑战西方霸权，改变世界的政治
版图。德皇威廉二世为此专门请德国画家赫曼·克纳科
弗斯（Hermann Knackfus）创作了一幅油画《黄祸图》（图 2-4），并赠给沙皇尼
古拉二世（Nicholas II）。 在画面中间，天使长圣米迦勒（Saint Michael）站在悬
崖边上，手执闪光宝剑，正告诫欧洲各国保护神："黄祸"已临近。天使长圣米迦
勒手指方向的佛像和一条巨大的火龙代表日本和中国正向欧洲逼近，在天使长圣
米迦勒的带领下，迎战来自东方的佛与龙。威廉二世还在油画上题词："欧洲各民
族联合起来，保卫你们的信仰和家园。"因此，抑制日本、控制中国成为德国在东
亚军事扩张的主要动机之一。

图 2-4　《黄祸图》

三　德国组建东亚舰队和谋划一个军港基地

德皇威廉二世支持德国海军迅速组建德国东亚舰队，加强普鲁士开始于 1869 年到东亚的"游击舰队"的军事力量，并以为东亚舰队争得一个舰队基地为直接目标。此时德国东亚舰队完成扩充的主力战舰总共 5 艘：旗舰"皇帝"号（SMS Kaiser）、"威廉亲王"号（SMS Prinzess Wilhelm）、"柯莫兰"号（SMS Cormoran）、"阿尔柯纳"号（SMS Arcona）和"依雷妮"号（SMS Irene），总排水量达到 20 428 吨，舰员总兵力部署 1 800 余人。

德国东亚舰队虽然在中国、朝鲜半岛、日本、南亚沿海国家及南太平洋范围的辽阔水域活动，却在地大物博、海岸线绵长的中国没有一个固定的海军基地，甚至一个储煤补给站也没有，舰船补给和维修等事项只能求助于别的国家控制下的港湾（上海港、香港港等港口），被拒绝停泊的情况时有发生，还处于"无家可归"和"四处漂泊"的尴尬窘况，迫切地需要一个属于德国的海军基地，以炫耀、扩大和维护德国在东亚的政治、军事、经济和文化等方面的势力及利益。因此，当时德皇威廉二世、海军总司令部、外交部等关于在中国谋取一个军港的重要性就存在一个普遍共识。

1895 年 4 月 17 日，海军部部长、海军副司令何尔门（Hollmann）致外交部部长马沙尔男爵的关于在中国谋取一个海军基地的秘密公文中陈述：

所谓军港者，应理解为属于德国领土主权下的国外可靠地点（在中国取得储煤站或军港）。这些地点在任何时候有可能为我们的船只供给粮秣、煤、军火及其他各种需要品，有能执行一切修理任务的工场、船坞、造船厂的滑床，有能收容伤病人员的医院，能安置船上补充船员的兵营。在战争时候，军港成为一切行动的基地：它能成为舰队的集合点及据点，并为商船的安全避难所。

在国外和平及有秩序的状态下，军港的利益特别表现在经济方面。因此，这种占有同时也能这样提高在国外的政治势力与威望，即仅仅军港存在的事实及因此而证明祖国享有这项权利的事实就能产生一种权力，这种权力，据经验证明，远远超出于占领区域之外，而且绝不是任何其他事物所能代替。

…………

同时，我们的船只将不受外国市场极其意外变动的影响。我国用之于船上的经费也能作有利于德国冒险精神的事业，而这种精神得再引入有用的道路。这些都是进一步的利益，其价值都无法计算。

一旦和平状态不存在，而代之以国内的不安或国外的军事纷扰时，则军港于经济、政治及军事各方面将更形重要。这些情况一般必然引起对工商业的损害，并使船只完全或部分得不到天然的供应来源……凡不能利用军港的舰队必将遭遇到严重的困难……

……军港事实上就成为船只生存的必要条件。谁抓不住这一点，谁就得被迫退出战争区域……❶

海军部部长、海军副司令何尔门在报告中全面阐述了在中国取得一个军港的必要性和对于保障德国在东亚的经济、政治及军事等各方面利益的重要性。其在报告中还在分析比较中国沿海各港口的价值时认为：舟山群岛和厦门（包括鼓浪屿）是第一选择，但是舟山群岛因英国人的利益存在不易获得，厦门是通商口岸，各国利益在此交织不可能独占，那么胶州湾是第二最适宜之地。

---

❶［德］何尔门：《海军大臣何尔门海军副提督致外交大臣马沙尔男爵公文》，青岛市档案馆、中国第一历史档案馆编：《胶州湾事件档案史料汇编》（下册），青岛：青岛出版社，2011年，第112-113页。

🔺 图 2-5 德国侵占青岛后，如愿以偿地得到了一个"稳固的舰队基地"。图为东亚舰队"莱比锡"号巡洋舰在青岛大港 1.6 万吨浮船坞内维修，该浮船坞时为亚洲最大 ❶

　　正如时任德国外交部长毕洛（Bülow）（1897 年 8 月代理外交部长，1897 年 11 月任外交部长）所言："我们德国如果不甘心在远东屈居二等国家地位，特别是想与列强为伍的话，就一定要拥有根据地。"在此鼓噪的背景下，为实现拥有一个属于德国海军基地的目标，在经过长时间的谋划，且屡次与清政府谈判的外交努力失败后，德国决定寻机在中国沿海武力侵占一个合适的港口作为巩固的基地。而东亚舰队司令恩斯特·奥托·封·迪德里希（Ernst Otto von Diederichs）正是德国侵略扩张的"世界政策"的坚定拥趸和迫不及待的执行者。

　　当然，对于侵占胶州湾这一重大举措，德国朝野不乏推动迟滞和反对的声音。首先，德国外交部（时任外交部长马沙尔男爵）奉行通过谈判解决问题的温和政策，对于在中国军事占领一个港口没有在外交方面积极配合和作为，甚至迟滞。因此，威廉二世在德国驻圣彼得堡大使拉度林公爵秘密报告的批注中，对外交部提出指责。

　　《驻圣彼得堡大使拉度林公爵上帝国首相何伦洛熙公爵公文 514 号（圣彼得堡 1896 年 11 月 19 日 密）》云：

❶ 青岛市政协文史研究会编、车辐著：《世纪光影——照片中的青岛旧事》，青岛：中国海洋大学出版，2022 年，第 117 页。

如果德国不干脆地取它所希望或需要的，华人只会把它当作是一种软弱的表示，而决不会认为是崇高的大公无私的证据……

如果到现在为止还没有在中国取得任何东西的德国，而还要顾及中国，则德国在远东的威信将只会下降，中国绝不会因此而感激。❶

威廉二世赞同拉度林公爵此说法并批注：

正确。这正是我两年来对外交部所谆谆劝说而没有成功的，到现在它（外交部）还没有作任何决议。❷

威廉二世的此番指责，也由此扭转了外交部的被动外交工作局面，即外交部要积极配合海军行动，以尽快取得德国想要。

拉度林公爵在秘密报告中还写道：

总之，要在中国取得一个巩固的并受人尊敬的地位，只有一个办法，即或者干脆攘夺一个合适的海口据为己有，它既能从其后地与中国内地建立起商业关系，又能保卫这些关系，而保卫这样的海港要比保卫一个占领的岛屿容易得多。倘使对这点存有疑虑，则占领这样一个海港作为储煤站与海军站，然后强迫加以租赁，随便付些租费。只有用这样的方法，德国能在中国得到像俄、法或英同样的地位。❸

威廉二世对此批注：

对。这是我的海军将领屡次从中国报告我的。❹

威廉二世对大使拉度林公爵的报告加以肯定。德国侵占青岛的基本路径与此条内容如出一辙。

---

❶ ［德］拉度林：《驻圣彼得堡大使拉度林公爵上帝国首相何伦洛熙公爵公文 514 号（圣彼得堡 1896 年 11 月 19 日 密）》，青岛市档案馆、中国第一历史档案馆编：《胶州湾事件档案史料汇编》（下册），青岛：青岛出版社，2011 年，第 136 页。

❷ ［德］拉度林：《驻圣彼得堡大使拉度林公爵上帝国首相何伦洛熙公爵公文 514 号（圣彼得堡 1896 年 11 月 19 日 密）》，青岛市档案馆、中国第一历史档案馆编：《胶州湾事件档案史料汇编》（下册），青岛：青岛出版社，2011 年，第 137 页注释［3］。

❸ ［德］拉度林：《驻圣彼得堡大使拉度林公爵上帝国首相何伦洛熙公爵公文 514 号（圣彼得堡 1896 年 11 月 19 日 密）》，青岛市档案馆、中国第一历史档案馆编：《胶州湾事件档案史料汇编》（下册），青岛：青岛出版社，2011 年，第 136 页。

❹ ［德］拉度林：《驻圣彼得堡大使拉度林公爵上帝国首相何伦洛熙公爵公文 514 号（圣彼得堡 1896 年 11 月 19 日 密）》，青岛市档案馆、中国第一历史档案馆编：《胶州湾事件档案史料汇编》（下册），青岛：青岛出版社，2011 年，第 137 页注释［4］。

但是，对于威廉二世奉行的"世界政策"和采取军事行动占领青岛，德国国内不乏明智之人，提出反对的声音。社会民主党领袖倍倍尔在国会辩论中直言此举为"愚蠢的政策"❶。另一位社会民主党领袖威廉·李卜克内西在德国议会指出：

> 轻率的海军扩张及无聊的全球政策，是我们德意志的病患。染上资本主义霉毒的当局，只望领土膨胀，以侵略掠夺为能事，但这并非德意志的利益，我们德意志此策未能与我国国民的希望取得一致。试看，由于政府在基尔军港所采取的侵略主义而造成的牺牲的怨恨者岂是少数？占领胶州湾是搅乱远东和平分割中国的开端，政府果有否认此点的理由吗？❷

---

❶ ［日］田原天南：《占领与德国议会的风波》，青岛市博物馆、中国第一历史档案馆、青岛市社会科学研究所编：《德国侵占胶州湾史料选编（1897—1898）》，济南：山东人民出版，1987年，第564页。

❷ ［日］田原天南：《占领与德国议会的风波》，青岛市博物馆、中国第一历史档案馆、青岛市社会科学研究所编：《德国侵占胶州湾史料选编（1897—1898）》，济南：山东人民出版，1987年，第563页。

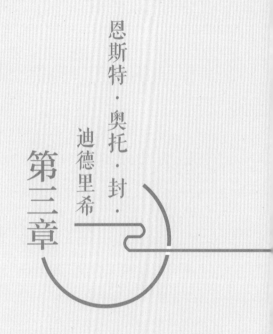

第三章

恩斯特·奥托·封·迪德里希

一、迪德里希简介

二、迪德里希的多事之秋

三、迪德里希启程走马上任东亚舰队司令

四、迪德里希在德国境内旅途中拜会友人

五、迪德里希自热那亚至香港的海上航行

六、预示幸运的竹竿

七、费迪南·封·李希霍芬男爵对山东的调查
　结论

八、"三国干涉还辽"事件及其影响

恩斯特·奥托·封·迪德里希（图 3-1）（1843—1918年），德意志第二帝国海军将领。

1843 年 9 月 7 日，迪德里希出生于德国明登（Minden）的贵族家庭。1862 年 1 月 1 日高中毕业后，他以前卫兵身份进入普鲁士军队的第 33 东普鲁士轻步兵团服役。1862 年 6 月 30 日，他退出军职，并

▲ 图 3-1 东亚舰队司令、少将恩斯特·奥托·封·迪德里希

乘各商船出海。1865 年 9 月 6 日，他作为军官候补生和二等水兵进入海军。1866 年 11 月 2 日至 1867 年 6 月 25 日从海军学校毕业之前，他先服役于三桅战舰"尼欧泊"号和"格菲欧"号，后到王家快艇"格利勒"号上工作。1867 年，他晋升为海军少尉，并被派遣到三桅教练舰"穆斯柯维托"号上担任教官。1869 年，他晋升为海军中尉。在 1870—1871 年的普法战争中，他指挥炮艇"纳特尔"号。自 1871 年起，他参加了基尔海军学院的函授教育，与他一起接受这个函授教育的还有维克托·瓦娄依斯（Victor Valois）、费利克斯·本德曼（Feilix Bende Mann）、古斯塔夫·封·森登 – 毕布兰（Gustav von Senden–Bibran）等后来身居高位的德国海军将领。在这段时间里，迪德里希在轻型护

卫舰"露易斯"号上任职，直到 1878 年，他都在鱼雷艇部队工作。从 1878 年 10 月起，有两年时间他乘"弗雷亚"号在东方的海军基地和香港周围海域进行了若干次较大的海外行动，并晋升为海军少校，担任舰长。1880—1884 年，在基尔海军学院完成了硕士后工作后在基尔海军学院担任火炮和鱼雷培训专业方面的教官。1892 年，担任基尔船厂厂长，晋升为海军少将。1893 年，他被派到美国出差，以便了解美国各船厂造船技术水平，并参加纽波特港的海军战争学院的教学。

1895 年，迪德里希担任帝国海军总司令部参谋长。1897 年 4 月 1 日被德皇威廉二世任命为东亚舰队司令（少将）。上任伊始即积极谋划侵占青岛的军事行动，于 1897 年 11 月 14 日率领东亚舰队占领青岛。1898 年，晋升为海军中将。1899 年末，将东亚舰队司令一职移交给海因里希亲王（Prina Heinrich）。归国后，担任德意志帝国海军总参谋长。1902 年 1 月，晋升为海军上将。因倦怠于海军总司令部内的权力和派系纷争等，1902 年 8 月 9 日，他申请退职，以抢在梯尔庇茨提出难以实现的某个要求之前。1902 年 8 月 19 日，退出帝国海军总参谋长职务，成为海军军官团的编外待命军官。1906 年 8 月，在巴登 - 巴登（Baden-Baden）整理《1897 年 11 月 14 日占领青岛手记》。1918 年 3 月 8 日，逝世于巴登 - 巴登。

1871 年 11 月 14 日，迪德里希与亨丽塔·克洛普（Henrietle Klopp，1853—1917）在德国下萨克森州里尔结婚。他们夫妇有两个儿子：大儿子弗里德里希（Friedrich，1872—1966）和小儿子海尔曼（Hermann，生于 1877 年，卒年不详），二人均有皇家海军服役经历，且都曾被授予海军少校。

1897 年 11 月 14 日，迪德里希率领东亚舰队五艘军舰中的三艘军舰共 1 100 余名官兵（当日参加登陆占领行动的有 700 余名）占领了青岛。迪德里希在占领青岛当天即向驻防胶州湾地区的总兵章高元和青岛村的百姓颁布军事占领范围，这也为后来的租借地划界谈判提供了参考。迪德里希率领东亚舰队官兵武力威慑和控制原本管辖青岛的即墨及胶州地区保持战时稳定；参与德国与清政府关于《胶澳租借条约》的谈判；并开创德国政府在殖民地预先购买和控制土地的先例，为青岛《置买田地章程》《田地易主章程》等土地政策制定奠定了基础。

二　迪德里希的多事之秋

迪德里希在《1897 年 11 月 14 日占领青岛手记》（以下简称《手记》）中叙述，他由于在 1896 年秋季的军事演习中与帝国海军总司令封·科诺尔（von Knorr）上将因工作产生了严重的意见分歧，因此被免去了总司令部参谋长的职位并调离了总司令部。德皇威廉二世批准了他六个月的休假。53 岁的他感到前途未卜，不知道这个假期过后面临的是退休还是会有一纸新的任命。

1897 年 1 月 22 日下午，他收到一封令他心慌意乱的电报，内容是他的儿子海尔曼因患伤寒且病危，在埃及亚历山大港野战医院住院。他和夫人心急如焚，决定立即启程前往亚历山大港野战医院探望他的儿子，而他的夫人尽管体弱而且患有严重关节病痛，仍然要求一同前往。当天，由于银行已经关门，他只能大费周章地从邻居和同事处借了必要的旅费，并且要在当天晚上（即接到电报五个小时后）坐上由柏林驶往意大利普林迪西（Prindisi）的快车，以便能搭上 P&O 公司的轮船穿过地中海前往亚历山大港。

第二天夜里，为尽早且确保在普林迪西搭上去往埃及的轮船，他和夫人在意大利波洛尼亚（Bologna）换乘英国的邮政火车（加莱—普林迪西的区间段）时，意大利铁路官员的盘剥使他感到不快，如铁路官员把一张 100 马克的纸币算作 80 法郎，但是，因为担忧赶不上船，他别无选择，不得不一再忍受。

他与夫人在普林迪西搭上轮船后，恰逢一个德国的学者和工业家团体与他一同航行前往埃及，融洽的气氛大大驱散了航行中沉闷的心情。在威廉二世生日这天（1月27日），他们驶抵埃及的塞得港，在靠上码头时大家举起一杯香槟大声祝德皇"万岁"，这使在场的英国人感到惊讶。该轮船并不继续航行至亚历山大港，他在尝试乘英国邮政火车驶往开罗无果之后，改乘一艘C&M公司的轮船于1月28日一大早驶往亚历山大港，经过近八天的艰苦旅途和思子心切的精神煎熬，于当日深夜抵达。

第二天一早，他从宾馆立即前往医院探望病重的儿子，他的儿子病情已得到缓解，尽管仍有危险，但并不特别严重，他的夫人得知这个消息非常高兴，他们相拥而泣，多日紧张压抑的心情在此刻以热泪释放了出来。医院院长、教授瓦伦豪尔斯特（Prof. Dr. Varenhorst）博士、医院的护士们、领事雷曼博士（Dr. Lehmann）和夫人、公使毕达尔纳格尔（Biedernagel）和政府顾问格莱舍（Grescher）给了海尔曼一家许多关怀。令他更加欣慰的是，他的夫人被特许住在医院中，她还可以有八周时间陪伴和精心护理他们的儿子，使其尽快从重病中康复。

迪德里希安顿好了他的儿子和夫人后，便启程回国。他想如果国内有事情可以及时找到他。职业素养使然，他在这次航行中除了对埃及开罗和亚历山大港进行考察外，在返回柏林的旅途中，乘坐由舰长封·施梯格（von Stiege）率领的"莫尔特克（Moltke）"号军舰摆渡到意大利，先后考察了陶米纳（Taormina）、麦西纳（Messina）、那波利（Napoli）和罗马（Roma）等德国驻意大利的基地。他在3月间回到了德国，并于月末几天在巴登－巴登视察了一个工地，作为他此行的告别之旅（图3-2）。

● 图 3-2　迪德里希与夫人前往亚历山大港及其回国路线图

　　迪德里希在回到柏林时已私下知道，他将有望指挥德国在东亚的舰队。1897年 4 月 1 日，迪德里希被德皇威廉二世正式任命为东亚舰队司令，并着手准备赴任前的一切事务。

　　他承租的那座非常贵的住宅 4 月 1 日到期，在他到达柏林的当天已经被租出去了，他不得不匆忙地另找一套住宅搬家。4 月 10 日，他夫人连同已基本康复的儿子从亚历山大港回到柏林的家中。

迪德里希启程走马上任东亚舰队司令

1897年5月1日，迪德里希启程只身前往东亚赴任（此时东亚舰队司令部暂时驻扎在中国上海）。他此行行经线路大略是：乘坐火车从德国柏林至意大利热那亚港，然后乘坐"普鲁士（Borussia）"号轮船开始到中国的海上航行，经地中海—苏伊士运河—红海—印度洋—科伦坡—马六甲海峡—新加坡—南中国海—香港—上海吴淞码头，然后换乘了北德劳埃德公司的交通船到达上海市区（图3-3）。

▲ 图3-3　迪德里希自柏林前往中国上海陆上及海上行程线路图

　　他在启程的头一天晚上，因一件偶发小事几乎耽误行程。他在晚上收拾完行李箱之后已近半夜，正想上床睡觉，发现还有一件小东西要放入箱子里，却找不到刚刚还用过的、挂在钥匙环上的箱子钥匙了。他把整个房间的每个角落都翻遍了，但就是没找到。因火车早上 7 点开，他于是嘱咐仆人明天天一亮去找一个锁匠，这样一直折腾到午夜后才平静下来。他 5 点前便起床，以确保尽早把锁匠请来。当他正要穿上床前的长筒靴时，发现钥匙就在里面，这是他临行前发生的一段搞笑的插曲。他与妻儿辞别，登上火车出发。

在途经瑙姆堡时，迪德里希还曾有机会拜会了待人友好且诚挚的退役海军中将封·莱歇（von Reiche）及其夫人。莱歇夫人是一位仪态高雅、对人关怀并富有感情的典型德国家庭主妇。迪德里希在莱茵河畔的法兰克福同从威斯巴登赶来的他的兄弟伏里茨告别。他在卡尔斯鲁厄拜访了奥克斯豪森教授，他们是在共同乘坐"阿尔卡迪亚"号船从意大利到埃及时认识的。在卡尔斯鲁厄，他也遇到了因为自己的英尔特克战略辩护而知名的步兵将军封·施里希廷（von Schlichting）。这是一位具有表达出善意的机灵眼神的先生，而他的夫人则时常会表达出各种激烈而坦率的想法，似乎与其高雅的举止毫不相称。在后来的交往中，迪德里希确信夫妻二人彼此相得益彰，并且将军对其夫人评价甚高。尽管他常常在社交中因其夫人不加掩饰的直率而感到不安，但毫无疑问，夫人会通过对一切事务以最恰当方式的处理，补充了将军只为军事和写作而生活的另一面，使之倍感幸福。作为她典型性格的一面，迪德里希提一件他曾多次说过的往事：在将军从卡尔斯鲁厄的指挥官职位上退下来之际，夫人曾请求不要在告别时献花，她认为与其把钱浪费在无用而且往往是使人感到累赘的礼品上，不如给人一本留作纪念的有用的书。她非常希望自己有一个摆动浴缸，至少是有了这个想法，但这不过是其认为可能有这么一个东西的想法。

　　1897 年 5 月 4 日，迪德里希在魏廷船长陪同下乘北德劳埃德公司的"普鲁士（Borussia）"号船（图 3-4）离开意大利热那亚，首次以那个时代能享受到的最舒适的舰船条件，开始赴东亚的海上航行。他把自己 1862 年作为见习生乘"阿玛兰（Amaranth）"号进行艰苦的 173 天海上航行和作为"普鲁士"号豪华舱的旅客用五周时间到达上海的旅行之间做了比较，二者真是不可同日而语。在这里很少看到 P&O 公司船上那种粗暴对待旅客和工作人员的傲慢与冷漠，也没有英—印轮船公司对旅客的怠慢和肮脏。尽管处于使人疲倦的酷热季节，但由于"普鲁士"号轮船先进的设施和对乘客的照顾，五周时间的航行仍属他经历过的最舒适的一次航行。

　　在船轮上一个旅行社团友好的氛围也为漫长而枯燥的旅途增添了活力，在这个社团中他与同样来自德国的普特法肯一家和魏格特小姐成了桌友。前者返回新加坡去负责一家德国商号，后者去看望在德国驻东京公使馆担任秘书的兄弟。一位年轻的比利时法律学者的旅行目的地是曼谷，他将在该处担任国王的法律顾问；还有四个迄今供职于中国驻伦敦公使馆的中国人，乘坐"普鲁士"号返回故乡。

　　轮船到达科伦坡时靠港补给，迪德里希上岸做了一次下午郊游，在有名的海滨宾馆"利西尼亚山（Mount Licinia）"的躺椅上伸展着身体，沐浴着迎面吹来的清新的海风，出神地聆听着汹涌澎湃的波涛声，驱散了漫长海上航行的燥热和乏味，首次使他

▲ 图 3-4　1907 年 6 月 15 日，挂满彩旗的德国"普鲁士（Borussia）"号客轮运送士兵停靠青岛港❶

心神不安的精神得以恢复。

　　在经停新加坡时，迪德里希受普特法肯邀请到其家中做客。在告别筵席之后与其一家惜别，感觉与他们的频繁交往缩短了旅途上的时光。迪德里希在新加坡植物园遇到了几个俄国人，他们来自一艘停泊在港口中的"志愿船队"中的船。在正午的太阳下，空气闷热潮湿的使人发汗，而他们却穿着厚厚的系扣上衣，头上戴着皮帽子，愉快地四处游逛，好像他们正在呼吸着北方故乡春天的空气一样。当他在夜幕刚刚降临返回船上时，这些俄国人旺盛生命力得到了另一个证明。在一群兴高采烈的人们当中有几个人提着灯笼，站在停泊着"普鲁士"号的码头岸壁前喧哗。有人回应他的问话说：就在刚才有一位俄国船队的人好像是喝醉了，从码头岸壁和船之间掉入水中。当一些小船靠过来时，距离俄国人掉入水中已过了一些时间，这期间水中的扑腾声消失了，而且人们打着灯笼也未找到这个人在水中的踪迹。就在这些救人的小船原本已感到无望而想放弃搜索了时，一阵叮当和呼哧呼哧声却引起人们的注意，人们循着声响找到了这个俄国人。只见他四体伸开躺在一块大方木料上在水上漂浮，且打着鼾声。这些大方木刚刚露在水平面上，连着岸壁的岸桩。求生的本能使他即使在酒醉的情况下也能够找到这个虽然眼下是安全的地方。眼下的涨潮会将其并不舒服的"床位"完全淹没。

❶ 青岛市政协文史研究会编、车韬著：《世纪光影——照片中的青岛旧事》，青岛：中国海洋大学出版，2022 年，第 106 页。

在新加坡，"普鲁士"号补充了几家富有的中国人，这使得迪德里希感觉不太舒适。这群中国人特别是年轻人由于没有良好的卫生习惯和爱吵吵嚷嚷而引人注目。也有一位来自婆罗洲（Borneo）的农场主上了船，他想要经美国返回其故乡汉堡，这是一个讲求实际的人，也许受过教育，迪德里希通过与这位农场主的交流，得到了一些对他来说很有价值的启示。

六 预示幸运的竹竿

　　1897 年 5 月 28 日，离开新加坡两天后，"普鲁士"号上的乘客用过第二次早餐后躺在甲板的躺椅上享受着消化间歇，无风和闷热笼罩着大家，而且太阳照在如镜子一般的水面上反射着耀眼的光。迪德里希旁边躺着那位农场主，然后是那些中国人，人们困倦地眯着眼睛看着光亮的水面。这时他发现水中直立漂浮着一根粗大的竹竿，他还从未看到过这么异常粗大的竹竿，而且还在远离陆地的地方直插在水中。他把它指给旁边的人看。他想这根竹竿也许是从一处河口冲下来的，也可能是渔民在该处用于锚固渔网。竹竿一端用重物固定，所以呈直立漂浮状。竹竿也引起了中国人的注意，他们开始对懂中文的农场主说着什么。农场主告诉迪德里希："中国人认为，这根竹竿是一位神的船橹，天神把它丢在这里了。此后我们还会看到两个小岛，它们是天神的一双拖鞋。先看到船橹的那个人会交好运。"三天后，在"普鲁士"号进入香港港口前不久，农场主告诉他，中国人可能还始终未就有关竹竿的观点平静下来，并谈论着他可能碰到什么样的幸运。迪德里希回答农场主："如果我有好的运气，我希望尽力报效于德意志帝国的利益。"当然，迪德里希是带着这个"德帝国主义殖民和军事侵略"的使命走马上任的。

　　《手记》对这一细节记载："同时夺取胶州湾之事浮现在我的眼前，我必须追溯往事来说明这一点。"

　　"这一点"，恰恰暴露出迪德里希把占领青岛、侵害中国利益而作为其"幸运"和炫耀资本的侵略者本性。也正如社民党领袖威廉·李卜克内西批评的那样："染上资本主义霉毒的当局，只望领土膨胀，以侵略掠夺为能事"。"这一点"还可以从德国人描画东亚舰队占领青岛的油画（图 3-5）看出，比山丘还大的德舰组成的侵略舰队摆满整个海面，冒着滚滚浓烟加速前进，掀起巨浪，汹涌而至，仿佛要吞噬一切。揭示以威廉二世为首的德帝国主义殖民者，膨胀、狂妄和自大的野心。

● 图 3-5　德国人描画东亚舰队占领青岛的油画 ❶

❶ 阎立津编著：《青岛图像志：卷一·建置初期》，青岛：青岛出版社，2023 年，第 431 页。

　　迪德里希觉得自己或许是"得到了神的眷顾"。他认为德国在东亚尤其是在中国的军事力量自1869—1897年的29年间，一直处于漂泊游弋的状态，没有争取到属于德国的军事基地，而正是他在到任短短6个月就率领东亚舰队武力侵占了青岛，并被树碑立传："他为皇帝、为帝国赢得这片土地"。但是，他没有料到德国花费巨资打造的"这片土地"是在为他人作嫁衣。因此，他的这段回忆尽显

得意，而毫无羞耻和负罪感。

迪德里希认为，自从艾林波伯爵（Graf Eulenburg）率领普鲁士使团到东亚以来，在德国的政府圈子中，就已谋划要在中国争得一个商业殖民地或一个舰队基地，而且这个努力从未完全停止过，尤其关键的是海军部迫切需要一块稳固的土地或至少是一个储煤站用作舰船补给和停泊维修，但是他们始终未能如愿达到这个目的。迪德里希作为德国海军高级将领，他清楚地知道，德国在1870年前便已把胶州湾作为巧取豪夺的目标之一并着手实施。对于最终选择夺取胶州湾，起到最大助推作用的是因为德国著名地质地理学家费迪南·封·李希霍芬男爵于19世纪70年代已指出了这个海湾及陆地纵深的所具有的战略价值，并曾多次通过送达柏林的备忘录，向有"铁血宰相"之称的俾斯麦侯爵陈述占领胶州湾的建议，而俾斯麦也逐渐从"大陆政策"的扩张思想转变向"世界政策"倾斜，也可能有了夺取胶州湾的想法。而日本赢得甲午战争以及因《马关条约》发生的"三国干涉还辽事件"，为德国加速在中国谋得一个港口起到了新的助推作用。

编者基于迪德里希在《手记》原文中所提到的但没有深入说明的事件，例如李希霍芬对山东和胶州湾的调查报告、三国干涉还辽事件、梯尔庇茨对胶州湾的调查报告、弗朗裘斯对胶州湾的调查报告、档案史料等，将在后面的章节中做简略的补充和研究分析。

费迪南·封·李希霍芬（图3-6）于1869年3月对山东进行了详细考察。1877年，李希霍芬专门向德国政府提交《山东地理环境和矿产资源》的报告，阐述了山东境内物产丰饶，强调了胶州湾的优越地理位置，渲染可以在胶州湾建筑军事和商业港口的观点。1885年，李希霍芬在柏林出版《中国地图集》，包含54张中国行省地图，其中对山东的调

▲ 图3-6　费迪南·封·李希霍芬

查最为详密。《山东省地质图》（图3-7）中对山东的地质地貌，按照不同颜色做了详细标注，并据此大肆宣扬：在胶州湾开辟自由港将成为"华北最大和最好的港口"，"这里将是进入整个中国市场的一扇门户"。

1897年，李希霍芬发表论文《胶州——其世界地位和前瞻意义》，1898年又出版《山东及其门户胶州》一书，二者为德国的殖民政策作了重要提示，描述了这一地区的基本现状、修建和开采矿藏等交通技术条件。这些考察论证被德国政府认为是"科学的、值得信赖"的基础。李希霍芬认为："胶州湾乃中

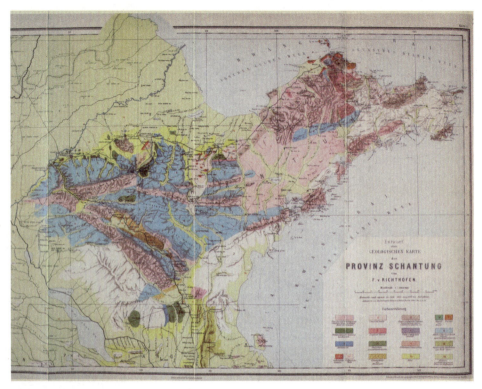

△ 图 3-7　1885 年，李希霍芬在柏林出版《中国地图集》，其中包括这张《山东省地质图》❶，对山东的地质地貌按照不同颜色进行了详细标注

国最重要之门户""欲图远东势力之发达，非占胶州湾不可"。❷ 胶州湾"可以成为德国的一个港口。在我看来，这个港口可以作为未来一个经过扩建的铁道网的滨海终点，缘此，也是从海上进入华北的唯一天然门户"❸。他指出，以胶州湾为起点，修筑一条铁路经过济南通向北京和河南，不仅可以控制山东，并且还能控制华北。❹ "除了长江边的镇江外，只有胶州湾符合于一个伸展到华北的铁道网的海岸据点的条件。以胶州湾为中心的铁路网，将替华北的棉花、铁和其他产品创造一个便利的出路和使进口货便宜地通往一些重要的地区。对于德国，则是在将山

❶ 王建梅、董文祥：《美美与共——解读青岛德国总督官邸旧址东西方建筑文化与风格交融之美》，青岛：青岛出版社，2023 年，第 15 页。
❷ 蒋恭晟编：《中德外交史》，上海：中华书局：1929 年，第 18 页。
❸ 转引自《山东及其门户胶州》编委会：《译后记》，[德]费迪南·冯·李希霍芬：《山东及其门户胶州》，青岛市档案馆编译，青岛：青岛出版社，2014 年，第 203 页。
❹ [德]施丢克尔：《十九世纪的德国与中国》，乔松译，北京：生活·读书·新知三联书店，1963 年，第 96—97 页。

东纳入势力范围的同时，又拥有了广大的中国腹地"❶。他的考察论证不只是学术研究，结论指向了政治、经济和军事等方面，为德国侵占胶州湾提供了所谓的"未来重要性"的基础参考。李希霍芬一系列关于胶州湾地区作为"军事基地和商港"重要战略价值的论述，一直被德国海军部奉为诠释作为海军基地"选址"的指南，更被誉为"德意志帝国主义理论的创立"和"指向远东的手杖"，成为激发德国在中国攫取基地、扩张势力最重要的参考。但是，迪德里希又无奈地表示："有多少港口位置被来自不同方面的人作为合适的殖民地点没完没了地叫卖给当局，并且如何一而再、再而三地使我们的调查无果而终，结果使得这样一些普通的提示未受到明显重视。"

　　德国朝野基于各方面利益，在相当长时间里对于拟选的舟山群岛、厦门、胶州湾、大鹏湾、莞岛（位于朝鲜半岛）、所安港（位于朝鲜半岛）、澎湖列岛、金门等占领地的选择始终争执不休（图3-8）。并且，威廉二世又分别于1895年9月22日提出占领已被日本人占据的威海卫，1896年8月22日又赞同占领胶州湾，1896年11月27日再次提出占领作为通商口岸的厦门等港口。另外，是武力强占还是通过外交谈判在中国谋取一个港口，这在德国政界、军界、外交界不断争论。威廉二世最初也是举棋不定，甚至在威廉二世已下令占领胶州湾之时，国内还有反对"强占"胶州湾的声音。

---

❶ 转引自《山东及其门户胶州》编委会：《译后记》，[德]费迪南·冯·李希霍芬：《山东及其门户胶州》，青岛市档案馆编译，青岛：青岛出版社，2014年，第203页。

▲ 图 3-8　德国在中国、朝鲜拟选的港口图

因日本赢得了甲午战争，对于德国加紧并利用一切机会在中国沿海谋得一个合适的港口作为战略支点，以遏制日本"一家独大"和控制中国起到了一个新的推动作用。这在俄、法、德"三国干涉还辽"事件中可以说明。清政府在甲午战争失败后，于1895年4月17日被迫与日本签订了丧权辱国的《马关条约》，其中割让土地条款：将辽东半岛、台湾及附属岛屿、澎湖列岛割让给日本。

　　俄国觊觎中国整个东北的野心已久，认为日本占领辽东半岛后，对其独霸中国东北的目标构成直接威胁，必须予以干涉；法国在1892年与俄国缔结同盟，积极响应俄国号召，欲借机在中国谋得利益；德国也想趁机敲诈清政府，在中国沿海得到一个海军基地，并借此与俄国加强联系，以至于在欧洲各国之间不被孤立。因此，俄国、法国、德国基于各自的利益一拍即合，为此结成联盟，以为清政府提供"友善帮助、主持公道"为由，要求日本将辽东半岛归还中国，日本在三国的武力威胁下于5月5日宣布放弃对辽东半岛的永久占领。因为这三个国家在归还辽东半岛中所发挥的作用，俄国和法国想要的利益分别从清政府获得了让步；而德国借此"功劳"想得到中国的一个港口的目的却未被清政府理睬，没有得到想要的结果。而且德国屡屡向清政府提出同样要求，均遭拒绝，这使德国感到在西方大国之间大失颜面，认为是奇耻大辱。"尽管德国与这个天朝大国的贸易远大于其他两个强大的邻居"，对于多年外交努力的失败，使得威廉二世恼羞成怒。外交大臣马沙尔在 1897 年 2 月 19 日奏明德皇中国方面的答复时，德皇威廉二世十分恼火："经过这样的拒绝后这将是个耻辱。那是最后一次。"威廉二世最后的批语："无需再询问，地点定后，立刻占据。"❶

---

❶ 王建梅、董文祥：《美美与共——解读青岛德国总督官邸旧址东西方建筑文化与风格交融之美》，青岛：青岛出版社，2023 年，第 23 页。

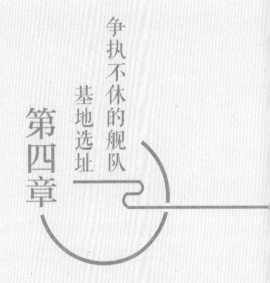

第四章 基地选址 争执不休的舰队

一、霍夫曼对拟选的港口基地的调查报告

二、犹豫不决的德皇威廉二世

三、封·梯尔庇茨的调查结论

四、乔治·弗朗裘斯的调查结论

德国因参与"三国干涉还辽"，自认为对清政府有很大帮助，欲借此向清政府索要一个合适的港口作为补偿，且最初主要将目标选择在长江以南。

　　因此，1895 年时任东亚舰队司令、海军少将霍夫曼（Hoffmann）在其一系列报告中提出这个观点：现在是向中国要求一个可作为舰队基地的德国租借地的有利时机。因海军总司令部曾在扩建东亚舰队问题的内部纷争中，对于没有巩固的海军基地问题曾相当漫不经心，这个时候却立即着手实施这个想法，并因德皇威廉二世的积极态度，外交部方面也开始了与清政府进一步外交谈判和试探性会谈。

　　霍夫曼把厦门视为建设基地的合适地点，但引起了海军总司令部很大顾虑。厦门这个口岸在中国南方位置，它的腹地是山区，交通闭塞，难于活跃内地商贸，且自从台湾由日本占领以后贸易跌落波及厦门；其作为通商口岸各国利益在此交织的特定性质，必然会遭到英、法、俄等国的一致反对。因此，霍夫曼的厦门方案遭到了各方面的反对。于是，当迪德里希 1895 年秋担任总司令部参谋长时，这个问题便提了出来，海军总司令部把手头所有的地图、航海手册和考察报告统统研究了一遍，并广泛征求了具有重要判断能力的人的意见，以找到一个比厦门更合适的港口。

　　因此，又有人提出了三处看似较有利的地方：在扬子江入海口处的舟山群岛、胶州湾和福州以北深入内陆的三沙湾

（Samsahbucht）。

东亚舰队司令霍夫曼受命对这些港口做进一步调查。其中，位于中国水路交通大动脉扬子江入海口前的一些岛屿具有引人注目的优势，首先是扼住了舟山群岛，但问题是在这条航路上英国有优先权，将来容易产生摩擦和纷争不断；三沙湾同样是西方列强在此有利益交织，并于 1898 年正式开辟为通商口岸。而海军部国务秘书、海军上将罗尔曼支持霍夫曼占据厦门的意图，因而，在海军内部对于选址观点上的分歧迫使将此事又暂时搁置起来。

以下是海军总司令部、霍夫曼与迪德里希之间关于东亚舰队基地选址指令与回复的电报记载：

东亚舰队司令霍夫曼 1895 年 9 月 25 日接到海军总司令部电报指示：

按照外交部的通知，作为可能要在中国取得的舰队基地，只能考虑不属通商口岸的港口。请对胶州湾和其他山东港口以及汕头附近的南澳（厅）岛进行调查。

海军司令

霍夫曼 9 月 30 日发出的回复总司令部电报：

经去冬调查后，山东各港口均不适用。也许威海卫是个例外，但难于守卫。

霍夫曼 10 月 2 日发出的电报：

重复对上述地方进行调查的电令。

霍夫曼 10 月 16 日向芝罘领事馆发出电报：

"伊雷妮"号［舰长为海军上校封·德莱斯基（von Dresky）］证实胶州（湾）不适用。南澳岛完全不合适，紧急，请坚持厦门。

迪德里希 10 月 6 日发出电报反问霍夫曼：

为什么胶州（湾）不适用？难道是专用地图 XI86 有误？

霍夫曼 10 月 18 日发出电报回复迪德里希：

地图无误。（胶州湾）作为大型运输船队的停泊很好，但位置偏僻。相反水面宽阔，岸边分段结构不好。可能的陆上设施远离泊场，偏僻。经济上毫无意义。军事位置不利。需要花费巨大代价。已开工的中国要塞处于破败状态。

霍夫曼根据从前的调查，在其回答中认为：所有的山东港口除威海卫外均不适用。而根据总司令部的命令进行进一步紧急调查也不能使霍夫曼改变偏执的观点，坚持认为厦门是唯一值得争取的目标。霍夫曼以如此不利的观点描述胶州湾及其沿岸地区，看来总司令部需要再次将其努力转向舟山群岛。

霍夫曼对山东贸易情况的评价尤其不佳，并且很肯定地说：夺取没有经济腹地的一个舰队基地可以说几乎是一个冒险。迪德里希《手记》原文记载：人们可能会同意霍夫曼的观点，其片面且固执地力争厦门，却阻止了对胶州湾沿岸地区唾手可得的占领。当时德国海军总司令部就已经有了可能占领胶州湾沿岸地区之青岛的计划，因为那时的德国驻北京公使封·绅珂（von Schenk）先生 1895 年 11 月 2 日就曾电告过他。

以下是绅珂、霍夫曼分别呈报总司令部和德国政府的报告电报记载：

绅珂的电报：

"如果要找一个并非通商口岸的合适煤基地，则我将考虑占领而不用把 Moilin（1895 年 9 月，广东汕头的德国传道会被劫，部分房屋受到破坏）作为交换条件。

"1. 为报对 Moilin 教会的洗劫之仇，可以把占领一港口作为交换条件，然而不能是通商口岸。

"2. 因为霍夫曼所爱的厦门是通商口岸，所以当时一切都停了下来。这次是错过了有利的时机。

"3. 根据要详细调查舟山群岛的一再指示，霍夫曼于 11 月 23 日对定海和岱山（均属舟山群岛）做了有利的电报报告。

"我们的外交部，在这件事上显然不是很热心或机灵的。这一点分舰队司令霍夫曼的各报告已谈到过。"

霍夫曼在其 1895 年 11 月 12 日的报告中概括其经验如下：

"从给我的命令和驻北京公使馆给我的通知中我得出以下诸点认识：

"1. 努力夺取中国沿海一个地方，即使是一个岛屿，作为我们在中国利益的基地。（总司令部的观点）

"2. 这样一个夺取过程将被视为与中国历来主张的陆地占有状况不受侵犯性的理性不一致，因而与此想法相冲突。（外交部的观点）

"3. 为提高我们在东亚的声望，我们希望通过正当防卫的方式，在迫使针对中国的合理要求中来显示我们的果敢。

"4. 我们不希望使中国的中央政府不满，因为我们希望从与总理衙门举行的悬而未决的谈判中得到贸易好处（贷款、修铁路权）。

"5. 长期强占因此是不适宜的，因为其他人将视例如这种方式的强占为耻辱。

"6. 任何方式的正当防卫，为避免他人敏感，都将事先通知其他国家。

"7. 通商口岸被视为是不可触及的。

"（以上）这些互相矛盾的观点当然很难期待会对陛下军舰带来有利的作为。"

二 犹豫不决的德皇威廉二世

这期间，霍夫曼本人还曾与其旗舰到过胶州湾，并与舰长封·德莱斯基持有相同观点，认为这个港口不适用。他视此地从军事和航海上都不利，并且经济上也毫无意义，强调了派专家对各备选地进行进一步评价的必要性。

受霍夫曼的诸多报告的影响，威廉二世支持海军总司令部对舟山群岛占领的提议，同时指出，必要时也可以考虑占领厦门，但事先要继续对更合适的地方进行调查。1896 年 11 月 27 日，威廉二世又提出："我们现在必须赶快并毅然地行动，必须立刻占领厦门，占领成功后再与中国开始谈判。"

彼时的威廉二世被各种说辞左右着。对于海军总司令部急切地要占领一个港口作为基地、选择哪个港口作为基地的想法，威廉二世最初犹豫不决或者是与海军意图相反，是要对海军的意图做出更有利的万全之策，这也是由于霍夫曼的报告起了部分作用。《手记》原文记载："但是，人们相信威廉二世会通过派出新的具有果断力的东亚地区军事和外交领导人促进此事。"正好没有固定指挥权的海军少将封·梯尔庇茨（von Tierpitz）（图 4-1）被确定为东亚舰队司令霍夫曼的继任者；而封·海靖（von Heyking）（图 4-2）在埃及的工作期间，因为外交方面的有力行动获得威廉二世和外交部的信任，替换了驻北京的封·绅珂。

△ 图 4-1　德国东亚舰队司令　　　 △ 图 4-2　德国公使封·海靖
封·梯尔庇茨

迪德里希认为："在柏林，海军总司令部的部门负责人、海军上校封·黑灵根（von Heeringen）一直热心继续研究和后续调查，一再指出了胶州湾的优势。"这是对各个港口深入研究后发出的具有代表性的声音。以下是拟选的各港口对比。

（1）厦门：虽然符合作为战舰基地的一切条件，但它是一个通商口岸，欲取得厦门有着几乎不可能克服的困难。

（2）澎湖列岛：因为已被日本占领。

（3）舟山群岛：1842年中英签订《南京条约》时就约定，舟山群岛不割让给任何第三国，英国不会放弃该权利。

（4）大鹏湾：因为接近香港，经济上容易依赖香港，且英国反对与其在此争夺利益，并且位于飓风的主要线路上，不值得推荐。

（5）莞岛和所安港：位于朝鲜半岛南端，是俄国和日本在此争夺利益的范围，必然会遭到他们的坚决反对。

（6）金门岛：把金门岛作为"临时军港"的提议，遭到海军总司令克诺尔的反对。

（7）胶州湾：关于对胶州湾的选择，德国外交部文件史料记载对各港口的比较后做出这样的评价：

　　……唯一仅存的只有位于山东半岛东南岸的胶州湾一处。关于取得它的交涉比较最有成功的希望，因为在这方面我们只需要与中国单独交涉……

……………

既然我们的立场是想在阻力最小的地方做努力,我们就应该争取胶
州湾。❶

从各港口条件比较来看,胶州湾具备一定优势:一是胶州湾水深面扩,有理
想的腹地纵深;二是它不是通商口岸,西方列强还没有染指,没有各国利益交织,
只需要与清政府交涉,这是最主要一点。

▲ 图4-3 1892年,由驻防胶州湾的清军建设的栈桥,俗称"大码头"❷

德国朝野对于尽快谋定一个合适的港口一事,各种观点交织掺杂,没有结果,
且德国海军方面与外交部相互指责。因此,当迪德里希1896年9月底被解职离开
海军总司令部时问题就出现了。他后来听说:1896年11月底,与清政府交涉出现
困难时,就打算要武力占领胶州湾,而且东亚舰队已经收到了准备的命令,但他
不知道为什么当时未曾实施占领计划,迪德里希把这个过程的一部分归因于外交
部不同意这个军事占领行动的决定。因为当迪德里希被任命为东亚舰队司令接替

❶《外交副大臣罗登汉男爵的记录 参事克莱孟脱的清稿》,青岛市档案馆、中国第一历史档案馆
编:《胶州湾事件档案史料汇编》(下册),青岛:青岛出版社,2011年,第110–111页。
❷ 青岛市档案馆编著:《图说老青岛》,青岛:青岛出版社,2016年,第132页。

封·梯尔庇茨时，他与外交部部长封·马沙尔（von Marschall）有一次会谈，以了解外交意图，封·玛沙尔先生大概告诉他说："我们只是等待着海军有关合适位置的最终态度，只是舟山群岛排除在外。也许并不缺少干预的理由，因为与中国始终有分歧。"迪德里希立即回答道："如果必须把舟山排除，则只能考虑胶州湾。"

对于德国欲在中国沿海取得一个合适港口的多年未决，外交部将主要责任归咎于海军方面，并提出不满。除了要选择一个最佳的港址以外，其中还有一个重要原因：那就是海军方面对于港口定位的几经重大变化，即从最初只谋取一个储煤站，接着是一个军港，后来又变成一个还需要有商业贸易繁荣的港口，再到要夺得一个殖民地。选址及定位的变更，在德国外交部（时任外交部部长位封·马沙尔）1897年3月19日的记录中有较详细的说明：

> 两年前，外交部致海军部信中首先提起此事：由于当时中日战争尚未结束，欧洲列强可能会在中国取得领土，所以，我们将有机会为我们的海军取得一个储煤站。在海军的支持下，这个建议渐渐由一个储煤站问题变成了一个军港问题，接着又变成了一个商业据点的问题。海军方面总是把商业据点的观点放在前面，主要原因可能是考虑到海军预算的编制。最后决定要求一个地点能适于作为一个殖民地基础的出发点。毫无疑问，由于继续加入了这许多观点，这事的促进也就变得困难而延宕。几个有利的机会不得不因地点问题没有解决而告失去。倘使外交部曾坚持它原来所定的要求不高的观点，亦即只要为海军取得一个储煤站的话，这个目标已经早已达到。❶

迪德里希后来在东亚舰队的案卷中了解到：1896年底，东亚舰队司令梯尔庇茨根据他的调查结论上报海军总司令部的一份报告，反驳了其前任霍夫曼有关胶州湾种种不利的说明，从而给总司令部关于此地有利的结论氛围提供了新的支持。而外交部部长封·马沙尔的这种态度给迪德里希留下了一个政府内部有人反对海军愿望的印象。后来迪德里希在直接向海军总司令封·科诺尔（von Knorr）报告时，对这种印象谈了一些自己的看法："我确信，外交部在陛下命令的压力下将会支持我们。"

---

❶ 孙瑞芹译：《德国外交文件有关中国交涉史料选译》（第一卷），北京：商务印书馆，1960年，第128页。

三 封·梯尔庇茨的调查结论

　　1896 年，时任东亚舰队司令封·梯尔庇茨（von Tierpitz）遵照威廉二世指令重复了其前任霍夫曼对备选各港口的调查（图 4-4）。1896 年 8 月 13 日，梯尔庇茨亲赴胶州湾实地考察，其在向威廉二世呈送关于胶州湾地理、军事、经济、海防地图等方面详细的考察报告中无比肯定地说："它和中国北部的开放城市一样，将是一个重要的商业港口；它是中国从上海直至牛庄之间唯一的天然良港。"梯尔庇茨进一步细化了李希霍芬的构想："假如修筑一条 69 英里（约 111.04 千米）长的通往潍县的铁路，或

● 图 4-4　梯尔庇茨的报告中绘制的胶州湾及沿岸地图 ❶

❶ 阎立津编著：《青岛图像志：卷一·建置初期》，青岛：青岛出版社，2023 年，第 386 页。

一条 207 英里（约 434.52 千米）长的通往济南府的铁路，则胶州湾的价值会更大。在山东占据重要地位的煤矿可以得到开发，胶州湾的影响将不亚于显然被过高估计的大运河。如果中国对修筑铁路将不持消极态度的说法成立的话，下一步直通天津和北京［约 345 英里（约 555.22 千米）］的铁路将会立即给胶州带来新的活力。这将给山西省丰富的矿藏提供又一个首选的天然出口良港。"❶ 他特别强调了胶州湾是不冻良港的考察结论。梯尔庇茨对占领胶州湾的意见是倾向性的，于是，德国把目标锁定在胶州湾，并悄悄做起了准备工作，伺机下手。

❶ 转引自青岛市档案馆编，于佐臣著：《青岛回归》，北京：中国档案出版社，2002 年，第 41–42 页。

四 乔治·弗朗裘斯的调查结论

▲ 图4-5　海军顾问、筑港工程师乔治·弗朗裘斯

1897年初，为了从技术上进一步评价几处谋划占领地各港口位置的利弊，德皇威廉二世密令帝国海军顾问、筑港工程师乔治·弗朗裘斯（Georg Franzius）（图4-5）到中国做详细调查。在对厦门、三沙湾、舟山群岛勘查后认为这三个地方从筑港技术、经济发展、海陆交通、腹地延伸、安全防卫等方面都达不到作为一个军事基地和商业港口的发展要求。弗朗裘斯表示：只有胶州湾一处从技术观点上值得考虑了。

1897年5月3日，弗朗裘斯乘东亚舰队旗舰"皇帝"号大型巡洋舰在舰长蔡厄（Zeye）（图4-6）协同下，对谋定的胶州湾进行为期5天的技术性调查，调查活动很精确和翔实，并绘制了《胶州湾港口图》（图4-7）供德国政府参考。7月31日完成的调查报告对胶州湾的湾内面积、航路、入港口、湾内岛屿、气候、风向、潮流、潮水落差、海水盐分等技术数据做了详细的阐述，研究分析了胶州湾的成因及港内水深、范围、抛锚地选位等，调查内容还包括胶州湾沿岸地理、地貌、地质构造、居民状况、商业、交通、渔业、畜牧业、农业、工业，以及当地房屋结构和建筑材料等。

● 图 4-6　东亚舰队旗舰"皇帝"号及舰长蔡厄 ❶

● 图 4-7　1897 年，弗朗裘斯考察报告中绘制的山东
　　地图（上）、胶州湾及沿岸地图（下）❷

❶ 阎立津编著：《青岛图像志：卷一·建置初期》，青岛：青岛出版社，2023 年，第 422 页。
❷ 阎立津编著：《青岛图像志：卷一·建置初期》，青岛：青岛出版社，2023 年，第 389 页。

弗朗裘斯的调查报告对胶州湾的军事、商业价值及发展愿景作了总体评价，对建港工程和铁路建设作出了宏观规划："作为海港是价值颇大的，尤其与天津港不同，这是一个不结冰的不冻港，可以说极为有利。如果把胶州湾建成通商港口，对多方面都有不少利益。胶州湾距离山东内地比天津、芝罘都近，在李希霍芬著作的第 2 卷第 263 页以后也肯定是胶州湾的位置比芝罘有利，在铁道联络上是便利的。"❶ 因此，建议德国政府在胶州湾地区设立根据地，以山东省为势力范围，开拓市场，多方面地扩展德国商品的渗透，并进而取得矿山开采权，以支撑胶州湾作为德国军港和商港的既定目标。弗朗裘斯预言：胶州湾（青岛）开建港放之时，从其优越的地理位置来看，很容易夺取芝罘贸易的一半以上。来自山东内地的出口大多可以经过胶州湾，而芝罘仅为上海或香港来货的中转港，而位于山东半岛中点的胶州湾，毫无疑问将成为全面繁荣的商港。为此，胶州湾（青岛）建港之初，就应当相应地建设大造船厂。弗朗裘斯是继李希霍芬、梯尔庇茨之后对胶州湾做了更为精准的调查研究，为德国侵占青岛提供了技术数据支持和发展蓝图。青岛港自 1898 年冬开始建设，并作为自由港对世界各国开放，1906 年海关税收居中国开放口岸第七位，成为中国北方大港，开辟多条国际航线，成为直接与外国交往的独立贸易中心。

胶澳总督府以弗朗裘斯对胶州湾的技术调查为依据，制定建设港口规划。

🔺 图 4-8 《胶州湾港口规划图》（1901 年）❷

❶ 转引自王建梅、董文祥：《美美与共——解读青岛德国总督官邸旧址东西方建筑文化与风格交融之美》，青岛：青岛出版社，2023 年，第 19 页。

❷ 青岛市档案馆编著：《图说老青岛》，青岛：青岛出版社，2016 年，第 82-83 页。

至此，基于各方面的调查结论，以及备选的中国各港口的实际情况和条件的对比，尤其是德国与清政府关于租借一个港口的多年外交努力的失败，促使威廉二世和德国海军、政府不能再左顾右盼、举棋不定，威廉二世以及海军总司令部、外交部、驻北京公使等认为胶州湾是最好的选择。这个选择在德国朝野已逐渐占据主流。

《手记》原文记载："于是，我以利用任何机会去做决定了的事的决心上路了。"

因为迪德里希首先发现海中竹竿被中国人预言将得到"幸运"，这是他所希望的。但是，迪德里希又说："我暂时从这个有利的命运中还什么也没有看到。"当然，更使他没能想到的正是由于以威廉二世和迪德里希为代表的德帝国主义侵略野心的膨胀，导致在第一次世界大战中惨败，苦心经略17年的青岛，是在给他人作嫁衣。

"普鲁士"号在航行一个多月后到达香港，可能是维修和补给的原因，不得不停留了整整一周。迪德里希说："即使是在山顶的'澳斯汀山宾馆'中也是闷热难熬。这座对旅客很好的、健康的和特别有价值的宾馆，第二年成了一座兵营。"

第五章

迪德里希到任东亚舰队司令

一、迪德里希到达上海

二、迪德里希到任后的调查、谋划与谈判

三、威廉二世访问俄国

四、阿尔赫西拉斯会议

五、德、俄媒体对威廉二世外交手段的评价

六、谋划预购胶州湾沿岸土地

七、预购土地对德占青岛后土地政策制定的影响

迪德里希到达上海

　　东亚舰队司令部已提前接到德国海军总司令部通知：新任东亚舰队司令迪德里希将乘"普鲁士"号到达。按照以往传统，临时负责东亚舰队事务的上校参谋长蔡厄应该是提前派一艘军舰到香港迎接迪德里希，但是，令他没想到的是，直到1897年6月10日，"普鲁士"号到达上海的吴淞口锚地时都没有舰队的船和相关人员去迎接。迪德里希不得不独自乘坐北德劳埃德公司的交通船到上海市区，受到了不合常规的怠慢。并且，在迪德里希到达司令部的第一时间就已感觉到，他后来的下属、东亚舰队参谋长、旗舰"皇帝"号巡洋舰舰长蔡厄可能是由于野心和猜忌而产生妒忌，以一种别样姿态和眼神在旗舰的甲板上看着他的到来。后来，迪德里希根据传令官的报告推断出，在他到达吴淞时，为什么舰队参谋长、旗舰"皇帝"号巡洋舰舰长蔡厄异乎寻常地违背勤务常例没有迎接他的原因了：蔡厄参与了枢密土木技术总监弗朗裘斯进行港口位置调查的有关协调与报告的草拟时，很显然地将最初调查报告以蔡厄本人的名义发出上报，而不是以舰队或者至少是与弗朗裘斯联合签署，这是出于野心。迪德里希感觉到来自东亚舰队下属及同僚的不恭和压力，为了方便和尽快掌握整个舰队，他决定从暂住的宾馆移住到旗舰"皇帝"号巡洋舰上。迪德里希在《手记》中对蔡厄舰长行为乖张的有关描述，称其为"条顿人的发狂"，争强逞能、不服从命令。他始终对蔡厄带有偏见，没有好感。

　　迪德里希从上海的锚地吴淞口乘交通船到上海市区时，即刻从暂住的宾馆联系东亚舰队司令部和其他相关人员。他在宾馆恰好找到了对他友好的枢密土木技术总监弗朗裘斯，这被他认为是初到中国遇到的幸运和吉祥的情况。弗朗裘斯向他详细介绍了其对中国沿海各港口的调查结果，并且也认为胶州湾是建立一个德国海军基地的最适宜地方；也讲述了德国驻北京公使封·海靖是如何正在尽力在外交层面促成租借胶州湾这件事。尤其值得一提是，精力充沛且机敏的海靖夫人（后来以《他未曾收到的那些书信》的作者而闻名于社交圈）是如何准备把事情做到尽善尽美，以得到她希望的一个好的结局，以此从中摆脱使她败兴的北京。弗朗裘斯的这些通报加强了迪德里希想尽早与公使海靖会谈商讨尽快取得胶州湾及其沿岸的想法。

迪德里希到任后的调查、谋划与谈判

　　迪德里希此前曾任德国海军司令部参谋长，对德国要在东亚占有一席之地的"当务之急"非常清楚。因此，他上任伊始，即为占领胶州湾做积极推动和谋划，认为不能再久拖不决。

　　随后，迪德里希也重复其前两任对几个港口的调查，以确定作为最适宜舰队停泊港和殖民地时，也到了山东东南沿海的一个地方，以便在"依尔梯斯"号死亡舰员的墓地装一个由上海的商人加勒尔斯捐赠的锻铁大门（图5-1）。1890年7月23日，炮舰"依尔梯斯"号因遭遇台风，在山东东南沿海搁浅，66名海军人员死亡。为纪念他们，德国海军在搁浅处附近建了"依尔梯斯公墓"；1898年，还在上海建了"依尔梯斯纪念碑"。

🔺 图5-1　东亚舰队官兵在依尔梯斯公墓锻铁大门前合影

　　但是，迪德里希在率领旗舰"皇帝"号巡洋舰的这次调查航行中未曾涉足已谋定的胶州湾，以免在清政府和英、俄、法等西方列强面前过早暴露德国准备侵占的意图，其先后到达威海、芝罘、天津、北京考察和与清政府谈判。

　　迪德里希在到达威海卫时还驻有日本军队，其指挥官是一名旅长，日本人欢迎他们的到来，并为他们提供了马匹以便于参观因甲午战争毁坏了的工事。日本人为迪德里希提供的一匹小马脾气温顺。这是一匹具有阿拉伯马血统的马与日本本地马杂交培育的马，可是这匹极好的坐骑与所有的马一样难于驾驭，以致使他们得到一个的印象是日本人对马匹的训练相当不好。参观中国的工事设施留给他的印象是，好像这些设置只是根据贪婪好利的大炮供应商和好大喜功的中国官员的主意，因而把工事范围做得尽可能大，却不考虑对这些工事一定的防卫计划。从德国军人专业角度分析：为了保卫如此展开的而又彼此独立排列的工事，无论如何都需要有比中国当时更多更好的部队才能完成整体防御任务。他们在威海卫待了两天半。

● 图 5-2　甲午战争中，日军占领威海卫黄土崖炮台❶

❶ 阎立津编著：《青岛图像志：卷一·建置初期》，青岛：青岛出版社，2023 年，第 139 页。

他们在继续向芝罘（今烟台，当时辟为通商口岸，设有德国、英国等诸多西方国家领事馆）航行中，遇到了英国大型巡洋舰"不朽"号舰长奇切斯特（Chichester）。迪德里希认为，当时他们到芝罘前还曾到过威海卫参观考察一事，日本人或者一位受信任的英国人报道了此事，而且这位热诚为其祖国服务的舰长肯定会向英国政府报告德国人的意图。一年后（德国占领青岛后第二年，即1898年），迪德里希在菲律宾的马尼拉与奇切斯特还有过不那么愉快的交往。迪德里希《手记》原文记载："这次他来得太晚了。"这是讽刺英国人在德国占领青岛时没有提前获得有效情报和进行干预阻止。

迪德里希在芝罘发电报给公使封·海靖提议两人会面，而海靖随后盛情邀请他到北京公使馆去。迪德里希则欣然接受了这次好客的邀请，到公使馆的随行人员有他的大儿子弗里德里希、副官海军上尉封·阿蒙（von Ammon）。在公使馆一次有关局势的谈话中，海靖开诚布公地抱怨对东亚舰队司令部的意图不充分了解，因而与前任舰队司令产生了一些误解。因为海靖对前任舰队司令梯尔庇茨是选择厦门还是现在拟定的胶州湾为目标的最终意图和观点了解不够，使公使馆与清政府之间的外交行动往往陷入错误的轨道，而且这个被动局面需要一些时间来扭转。这时，东亚舰队司令迪德里希和公使海靖这两位德国在东亚军事和外交的代表人物在北京达成了共识：伺机抢占胶州湾，立即在海军、外交层面推动此事并着手占领的准备。随即，就占领胶州湾所需的准备工作进行了秘密会谈。在公使馆起草了占领胶州湾时给老百姓发布的公告草稿，并进行磋商修改；公使馆为最初占领时提供翻译人员；对所需要的物质器材、帐篷、牵引马匹、经费资源等方面的工作步骤进行了磋商和规划安排。迪德里希后来又把致清总兵章高元要求其退出胶州湾驻防的信函草稿寄给公使馆请其译成中文。占领胶州湾已是箭在弦上。

迪德里希在海靖的陪同下拜会清政府总理各国事务衙门（总署）（图5-3），给迪德里希留下了与中国的外交来往不甚愉快的印象：一部分原因是在一间大概相当于德国一条铁路支线上三等车的一个候车室大小房间内，五至六位面部表情"痴呆"的先生围坐在一张桌子旁边。在另外三位中国高官中，引人瞩目的是总理各国事务大臣李鸿章高大有力的身影，他的面部表情在所有中国高官中显得沉着冷静，在谈判过程中透露出智慧和气质。此外，他也是中方唯一说话的人。翻译人员的重述使得谈判慢腾腾的"像要熟悉一座城市一般"。只有当公使海靖在

● 图 5-3　总理各国事务衙门（简称总署）大门外景 ❶

谈到要求清政府为德国军舰在华北提供船坞基地的话题时，才引起迪德里希注意。至于李鸿章提到的香港问题，即李鸿章提出德国可在香港设立海军基地，迪德里希用距离远、是英国势力范围和英国军舰在该处有优先权等理由来进行驳斥。李鸿章声称："中国要自己在胶州湾修船坞。"公使海靖问："准备何时修建？"李鸿章回答说："不久。"迪德里希认为李鸿章的答复显然是不真实的，而且几天后，迪德里希也从正在俄罗斯赤塔（Tschita，赤塔位于贝加尔湖以东，距离满洲里约250 千米）的直隶总督兼北洋大臣王文韶那里得到了确信：此事不真实。这位官员说："我们大概有意于在胶州湾准备安全的停泊地，但没谈到修建船坞的事，而且也缺钱。"但李鸿章的态度明确："德国不能指望中国会自愿腾出一个合适港口来供其使用。"

对迪德里希而言，幸运的是海靖已提前告知他，早先在总理衙门的谈判中出现的意外情况，对总理衙门会当面拒绝德国的要求已有心理准备。海靖这时插话

---

❶ 阎立津编著：《青岛图像志：卷一·建置初期》，青岛：青岛出版社，2023 年，第 403 页。

说："我们待在这里（中国），把胶州湾用作我国军舰的庇护地一事已取得了俄国同意。"李鸿章立刻跳了起来吼道："这是什么话？！俄国完全不该对胶州说什么，它在这件事上毫无权利！"这让迪德里希知道：俄国是在争夺胶州湾优先权，之前告知德国其已与清政府签订所谓的"中国条约"（《中俄密约》）是失实的，俄国人撒了谎。这使得迪德里希之前对侵占胶州湾可能引发德国与俄国外交纷争，以及还可能发生德、俄的军事对抗已无所顾忌。

《手记》原文中记载了当时的北京给迪德里希留下的印象：

> 因为紧闭而神秘的紫禁城在很大程度上诱惑着不知情者和外国人，高大的城墙给人留下一个巨大的野战防御兵营的印象。（北京）绝大部分建筑，尤其是在满城内的，看起来是宽敞的，但又好像是权宜性的。主要交通道路的肮脏程度是难以描述的。这些道路，部分路基高 3 ~ 4 米，路面宽约 5 米，穿过多为一层的成排房屋。这些房屋距路堤基底约 10 米。当时正处雨季，路本身就是一摊泥浆，骑马通过这些路十分费力。路边上是中国驮夫和苦力走的窄道，宽度仅够下脚和站稳，不能逗留。两侧路堤基底，在基底和房屋之间是一条 3 ~ 6 米宽的闪光的污水带，可以将其视为连续的小水坑或没有坡度的天然下水道，容纳着从各房屋中流出的垃圾废物，发出把人熏得头昏眼花的臭味。猪和穿着花衣的小孩滚在其中。在这个季节，其他无路堤的道路看来差不多一样脏。因此，封·海靖夫人满有权利说，她问自己，如果人们不幸陷入这种境地，是否有勇气继续生活下去？在干燥季节，这些污物会变成粉尘，而后会进入住宅和居民的所有开放地点。而且尽管从前的政府为保持干净做过许多事，甚至下水道系统已经存在了数百年，但如所有公用设施一样，这些下水道系统也已败落，而且为维持这些设施所拨出的资金，可能被用在了其他地方或在半道上便已被截留了。也可能有一项规定：由满洲高官每年检查一次保持下水道畅通的。进行这项检查时，一个人在城市中心当着集中起来的显贵的面，下到下水道中完成穿过下水道的工作。然后这些被委派的人坐上他们的轿子赶到城墙的出口处，并在该处"欣赏"。这个人当着他们的面又钻了出来。在下水道进、出口之间的内部系统有何种关系，尚无高官问及此事。但这个下水道的一部分大概是存

在的。义和团运动，八国联军侵占北京时，英国的援军在 1901 年首次通过穿过城墙下的这个下水道进入了北京。

在天津，迪德里希还曾参观了清政府答应在北河（海河）边为德国辟的一块很好的租界地，这个地区不久之后交由德国政府托管。然而，在同驻天津领事磋商时，迪德里希确信：很难期望从德国驻天津方面得到对将来实施占领胶州湾的行动有什么支持，仅从交通和航运的情况来看便难于给予支持。在参观大沽炮台时，他认为：

这是一个相当实用的和现代的武器防御工事，即使有点杂乱，也还是给我留下了比中国其他部队都好的印象，但指望这支驻军会有突出的作为，那就未免太痴人说梦了。

炮台的指挥官对迪德里希表示：炮台官兵对作战充满自信，日本人不敢攻击其炮台，他们（日本人）很清楚面对的是谁，如果他们向北京进军将胆怯地绕过这座炮台。

迪德里希经过对各港口调查以及与清政府谈判后，在结束北京、天津的逗留时，向柏林进行了全面报告，该报告其中有迪德里希对胶州湾战略价值的评价和志在必得的表述：

若不考虑损及德意志帝国的声誉，值得首先把胶州湾作为殖民地，前提是取得通往（山东）煤矿区铁路的筑路特权，尽可能将其（胶济铁路）与北京—汉口铁路衔接，并且必须立即以最大努力实施夺取基地（青岛）。

迪德里希还在天津的一家宾馆友好地会见了一位德国人。该人自我介绍是一家科隆航运公司的特派代表，并负有为工商企业做准备（推介）工作的使命。由于德国多年对于努力争取的港口位置摇摆不定，究竟是该在中国南方还是在北方寻找连结点，而使得这些负责推介的德国商人始终拿不定主意。这位德国人表明：德国政府、军界对胶州湾的了解一点也不比厦门多。迪德里希只能让这位德国人去找公使海靖，但告诫不要过分相信公众意见（抱怨）。并且，迪德里希要把这种情况（摇摆不定、拿不定主意、公众意见）作为德国资本对于海外投资原本不强的事业心是多么容易被吓退的例子报告给国内，以便引起国内重视和尽快做出决断。

　　迪德里希接下来率舰对朝鲜（仁川和汉城）进行了短暂考察访问。迪德里希认为，即使仁川和汉城的肮脏没有中国许多地方那么重，但朝鲜人民和政府的愚蠢程度比其宗主国大清国更甚。俄国和日本对朝鲜的影响正在互争高下，当俄国人首先在力争控制朝鲜王室时，日本人则正在开发这里的商贸和航运企业。俄国和日本展开了控制和瓜分朝鲜的较量。这个观察结论使迪德里希产生了一个想法：德国手中握有一张可以左右俄国努力（在中国北方占据一个港口，不干涉德国占领青岛）的牌，使它在关于中国问题方面倾向于德国的愿望。迪德里希所谓的这张"牌"：首先是德国支持俄国向远东发展，从而削弱俄、法同盟，减少德国在欧洲地区的压力；再就是怂恿俄国在东北亚开展侵略扩张行动，与日、英等国展开竞争，俄国占领旅顺便不再谋求青岛，使得德国和俄国对于分别占领青岛和旅顺达成互不干涉的默契。

　　迪德里希为了加强舰员的训练、培养和体现德国的利益，他又用两个月时间带领东亚舰队航行到日本的函馆和横滨。在这段时间里，迪德里希从海军总司令部收到一项命令：只有在得到俄国舰队司令的许可后方可驶往胶州湾。对于总司令部的命令和俄国这种无理要求，使他感到诧异。因为，一方面，按照李鸿章的说法，俄国人在胶州湾没有任何优先权；另一方面，迪德里希认为俄国的太平洋舰队司令当时的指挥官、海军少将阿列克谢耶夫资历低于他。因此，迪德里希已决定不理睬俄国太平洋舰队司令无权批准的事。但是，因为迪德里希不能反对海军总司令部这项命令，所以他不得不暂时放弃对胶州湾有意安排的调查访问。

此后不久，迪德里希从一封私人信件中得到了对此命令的说明。他从此信中看出：1897 年 8 月，威廉二世同代理外交部长毕洛（Bülow）和大批随员在彼得堡访问，在一次与俄国沙皇尼古拉二世（图5-4）的谈判中谈及德国在中国建立基地的问题。沙皇在私下谈话中对威廉二世说，俄国在胶州有"优先停泊权"，并承诺除了德国外不会将其权利转让给任何其他国家。但是，德国只能等待直到俄国找到一个更好的地方，才能对胶州湾采取进一步的措施。威廉二世后来想必

▲ 图 5-4　1897 年 8 月，德皇威廉二世（左）访问俄国，与俄国沙皇尼古拉二世（右）合影❶

是答应了俄国人的要求。看样子是有人向沙皇做了假的报告，即谎称清政府只答应俄国舰队在胶州湾享有"优先停泊权"，以误导威廉二世。

在当时的国际法中不存在所谓的"优先停泊权"，德国在胶州湾起码可以要求这样的权利，因为根据英国与清政府签订的《南京条约》，英、美、法等国与清政府签订的《天津条约》，等规定，所有国家的军舰都有权在中国沿海海湾停泊。因此，在

---

❶ 阎立津编著：《青岛图像志：卷一·建置初期》，青岛：青岛出版社，2023 年，第 399 页。

一个海湾港口享有基地驻军权、优先权、停泊权之间有着本质的区别。后来的事实证明，俄国太平洋舰队在胶州湾并不享有优先停泊的权力。

另据相关史料记载，当时威廉二世访俄期间，俄国外交大臣穆拉维耶夫辩解称，虽然俄国与中国签订的条约里没有直接称胶州湾属于俄国，但却说谁先在那里抛锚谁就拥有那里，即所谓"优先抛锚（停泊）权"，因为，俄国舰队于1895年、1896年已经连续两年的冬季在胶州湾抛锚。但是，俄国人发现胶州湾人烟稀少，没有娱乐场所，水兵生活孤寂，这些是俄国人所不能容忍的，所以决定离开胶州湾。德国政府也通过情报获悉，俄国海军上将强烈要求政府不要将胶州湾作为据点，"因为在这里捞不到一点好处"。穆拉维耶夫谎言的目的显然是不愿意看到别的国家占据胶州湾。

迪德里希确信，这些混淆视听的阴谋诡计制定者和实施者是当时俄国驻北京的公使卡西尼（Conte Capini）。这个人在日俄战争期间担任驻华盛顿的大使，其作为一名外交官而言也许具有一种异乎寻常的厚颜无耻，并且显然在其算计中并非很幸运。

▲ 图5-5　俄海军一级巡洋舰"科尔尼洛夫上将"号于1895年4月在山东沿海航行❶

1906年，俄国把卡西尼作为与会代表派往西班牙南部港口城市阿尔赫西拉斯（Algeciras）。

---

❶ 阎立津编著：《青岛图像志：卷一·建置初期》，青岛：青岛出版社，2023年，第370页。

四 阿尔赫西拉斯会议

　　1906 年在西班牙阿尔赫西拉斯举行的阿尔赫西拉斯会议是导致德国在西方国家间更加被孤立的一次会议。此次会议是谋求平息关于德、法两国在摩洛哥的利益冲突的国际会议，参加会议的有英、德、法、俄、美、西、意、奥、荷、比、葡、瑞、摩洛哥等 13 个国家的代表。在此次历时近四个月的会议上，参会各国基于本国利益选边站队：英、美、俄、西、意等国支持法国，其他国家支持多数国家意见；而德国只有奥匈帝国支持，德国遭受孤立。虽然摩洛哥问题得到暂时解决，但是，德国要求"在摩洛哥享有绝对平等的权益，反对法国把摩洛哥变为其'保护国'"等条件没有得到绝大多数国家的支持，引起德国不满。这加速了西方列强之间的裂痕，并使德国追求更具野心的外交政策，导致 1911 年第二次摩洛哥危机。第二次摩洛哥危机是第一次世界大战爆发前的危机。

1908年11月13日，俄国《新时代》的一篇文章透露了俄国评价威廉二世的观点。这篇文章是以《每日电讯》按照威廉二世在德国国会发表的激烈言论为依据，文章写道：

> 对我们（俄国）而言，如果德国的对外政策掌握在不懂得将其情感隐藏起来的坦诚的皇帝手中，那是（对俄国）最为有利的。同一位自视为极其狡猾，却在决定性关头表明自己意图的政治家打交道是十分愉快的。最难的是与一个由专家构成的，而不是一些只知道皮毛的、负责任的部门打交道的过程。

1908年11月14日，德国媒体《柏林日报》第582期上写道："对我们而言，如果在德国一切如故那就好得多。"

这两篇文章显然是对德皇威廉二世拙劣的外交手段和其推行"世界政策"的抨击。

六　谋划预购胶州湾沿岸土地

　　对于胶州湾地区，迪德里希还要花很多时间来进一步了解，以便按照他个人的观点对占领胶州湾（青岛）的行动进行大致的准备工作。早在航行到日本时，迪德里希已向海军总司令部申请，在秋天某个时间，许可东亚舰队在胶州湾进行射击演习。为此，提出了种种可能的理由。这项申请于 1897 年 10 月 14 日，由海军总司令部电报通知批准实施。

　　1897 年 10 月 20 日，迪德里希率领东亚舰队结束到日本的航行训练回到上海吴淞，以便在上海与公使封·海靖会面。海靖已获准对中国沿海直至广州进行旅行参观，并向迪德里希寻求提供一艘军舰助其这次旅行。迪德里希答应为其提供"威廉亲王（Prinz Wilhelm）"号。但是由其夫人陪同的海靖要首先看一下汉口和该处的德国租界地，然后还要拜会两江总督张之洞，所以为这次上海至汉口的内河航行提供一艘吃水浅的"柯莫兰（Comoran）"号。迪德里希派遣旗舰"皇帝"号舰长兼舰队参谋长蔡厄以及迪德里希的副官海军上尉封·阿蒙随海靖夫妇航行。他本人则留守在上海吴淞。

　　德国驻上海总领事施梯伯尔博士（Dr. Stübel）邀请迪德里希搬入已空出来的客房。数月住在旧式装甲舰的"地窖住宅中"的人都明白，他是多么高兴地搬入这诱人和舒适的领事楼，成为和蔼可亲的主人的亲密朋友。他与总领事围坐在桌旁谈话和早上骑乘散步时也往往谈及胶州湾问题。胶州湾问题也许是个起因，10 月 26 日总领事把德国人开办的礼和洋行（Carlowitz &

Co.）的莱奈尔（Reyner）先生引荐给他，这个公司派人对山东进行过考察。礼和洋行当时是远东最著名的德国企业，也是受东亚舰队保护的主要德国企业之一，以经营德国重型机械、精密仪器、铁路和采矿设备以及军火等闻名。礼和洋行于1846创办于广州，1866年进入香港。1877年，进入上海；又在德国政府登记备案，并在汉堡设立总部。后以上海礼和洋行为在华总行。礼和洋行在青岛、济南、天津、汉口、奉天（沈阳）、南京等地设立分行。礼和洋行青岛分行设立于1898年，1900年在威廉皇帝海岸（今太平路）建设了办公楼（图5-6）等建筑，1902年办公楼建成。

🔺 图5-6　位于青岛威廉皇帝海岸大街的礼和洋行办公楼

　　在与总领事和莱奈尔的谈话过程中，迪德里希提到了东亚舰队随后将在胶州湾举行射击演习的意图。他们一致的看法是：这个海湾有前途，必须为德国在山东赢得开采煤矿的权利，而且在海湾沿岸要提前购置属于德国的土地。对此，迪德里希表示了担忧，因为在经过前几个月报纸上有关山东和胶州湾的许多讨论后，该处已经成为热点，猜测其他国家有可能在该处已经购置和囤积大量土地。迪德里希强调了首先要了解这个猜测是否属实的重要性，如果还可以德国做主，则要立即为德国在胶州湾沿岸取得最重要的一块土地。莱奈尔悄悄地向迪德里希吐露说，礼和洋行想要争得开采山东煤矿并修建一条从矿区到胶州湾铁路的开发权。

迪德里希认为，这家公司的行动表明，大公司的商业嗅觉灵敏，联系是多么的广泛，其触角已延伸到中国的方方面面。但是，毫无疑问，这些提前对胶州湾沿岸土地的谋求，只能在确定德国将以这种或那种方式（谈判和平方式或武力占领方式）得到胶州湾的可靠性前提下进行。蔡厄和弗朗裘斯对胶州湾的调查报告，以及在外交和领事圈中的热议都会使人产生这种期待。事实上，在英国人的报纸上当时就已刊出了一些文章，它们以引人注目的方式谈论着山东和胶州湾的问题，这也不能不引起一些骚动。

为此，迪德里希做了深入思考。他希望如果莱奈尔不怕其上司阻挠，可以乘他提供的旗舰"皇帝号"与一位受信任的中国买办同行到胶州湾沿岸调查土地占有情况。这位中国买办应当了解当地土地所有权情况，而且如果方便和可行，立即购置土地。为此，迪德里希决定可以从自己的经费中提供 10 000 马克供使用，这笔钱将来由国家偿还，以防止任何投机。也避免受到诸如利用职务之便谋取个人利益这样的弹劾和个人承担风险。

第二天，即 1897 年 10 月 27 日，总领事与莱奈尔一起来与迪德里希会谈，并且建议让已经对山东省进行过一次考察旅行的礼和洋行一位叫施米特（Schmidt）的先生代替那位中国人进行侦察。迪德里希表示同意，并且愿意在调查临行时给予莱奈尔有关德国所调查过和谋取胶州湾海岸带形势的秘密指示。

为此，迪德里希起草了一份合同，行文大致是：

鉴于在中国的各德国公司正致力于结合开采山东省的煤矿，在胶州湾取得一出口口岸，并且考虑到欧洲各国的报纸和代表对这个海湾日益增长的关注，确定是否湾畔的地产为建港已落入外人之手或用于投机目的，对于德意志帝国来说是恰当的。如果德国公司能成功地将必要的开发权搞到手，则德国海军将会有意于为其目的在该处投资。但弄明白适于建港的海岸地段的土地占有情况，并且随后占有它，或者将其交给这样一个人手中：能以合同形式且日后由德国海军以合适价格再接过来。总的来说是值得的。

礼和洋行自告奋勇以不引人注意的方式进行必要的调查，并且尽可能地立即购置东亚舰队司令告诉他的海岸地段或者确保对这个地段的优先购买权。由于除了通商口岸只能获得隶属于中国的土地，因此，必须把这种土地占有转到一假定的人名下。礼和洋行答应，从以这种方式获得的地区中，把它为海军投资所需的土地以成本价——垫款加适当利息——在两年期限内移交给德国海军国库。如果德国国库不接受获得的土地，则签字的东亚舰队司令海军少将（迪德里希）有义务用 10 000 马克对被购买的土地按为上述国库规定的条件接收。礼和洋行的代表莱奈尔先生有责任完全为此协议保密，并且即使是对主管调查的人员也不得告知其消息的来源。

1897 年 10 月 28 日

现役海军少将奥托·封·迪德里希

按此协议，礼和洋行有义务把购得的土地在两年内以成本价提供给德国海军国库使用。礼和洋行考虑此义举将来会在青岛、山东地区的发展得到德国政府和军方的支持。

迪德里希计划提前购置胶州湾沿岸土地的理念，为德占青岛后开始制定和实施的"土地政策"起到了引导和示范作用，使青岛的土地全面由总督府掌控以防止任何投机，对青岛城市建设快速和有序开展，具有前瞻性和长远意义。❶

▲ 图 5-7　1913 年前后的青岛

---

❶《胶澳发展备忘录（截止到 1898 年 10 月）》，青岛档案馆编：《青岛开埠十七年——〈胶澳发展备忘录〉全译》，北京：中国档案出版社，2007 年，第 4 页。

1897 年 11 月 14 日德国占领青岛当天，为了迅速掌控占领区的土地，东亚舰队司令迪德里希海军少将便向占领地区的中国百姓颁布了一项旨在不经他特别许可，禁止对青岛地区土地的现状做任何变动的公告。公告称："对地产的任何占有变动需经最高长官的特别批准。"❶

11 月 20 日，对以上公告做了如下补充：

> 如在公告中已经说过的，在德国人占领的地区，只有经过德国最高长官批准方可进行土地转让。只要事属正当，这项批准将是免费的。但如果土地转让未获这一批准，则它便是无效的。❷

从两项公告可以看出，因为迪德里希当时尚未能对占领青岛的后果即能否长期立足做出最终判断，而且对可能的土地转让形式毫无准备，所以他首先利用军事强制手段迅速地对已占领地区的土地形成一种名义权，即"优先权"，可在日后的土地转让谈判中作为胁迫土地所有者的手段。这种措施显然是通过与军事占领手段相结合，从而为德国创立殖民城市和港口建设用地取得所谓的"私法权益"创造先决条件，并造成清政府的政治困境。因此，军事指挥官在外国土地上发布这种命令式的布告，表现出

---

❶ ［德］单维廉：《胶澳行政——胶澳地区的土地、税收和关税政策》，夏树忱译，未刊稿。

❷ ［德］单维廉：《胶澳行政——胶澳地区的土地、税收和关税政策》，夏树忱译，未刊稿。

的是军事强制措施，其最初的作用是纯政治性目的。

布告的发布是强制性和临时性的。迪德里希除了对占领青岛地区前景的不明朗以外，很难在极短的时间内以德国政府的名义筹措到并非小数的必要购地资金，并且缺少训练有素的人员来实施这项任务。于是迪德里希决定，先获得土地优先购买权。他代表德国政府，强行与土地所有者一一订立契约。按照契约，在另有通知之前，不得把土地卖给除了迪德里希及其继任者或德国政府委派的政府官员之外的任何其他人，土地所有者为此承担责任。为使土地所有者承担这项义务，迪德里希先以一次性付清的方式支付给土地所有者双倍的、每年微不足道的地产税款作为定金。在土地没有被购买建设之前，土地所有者仍然可以继续使用和耕种他们的田地。

《胶澳行政——胶澳地区的土地、税收和关税政策》记载：

> 先获得优先购买权，这样一来，不仅排除了非德国人竞买者，而且也排除了村民借以按当地习惯价格转让土地的其他条件，避免日后提价。除了政治意义外，对某些地产的垄断权，从一开始也基于稍后建立的"殖民地"的国家的利益。德国政府确保了从中国土地所有者手中购进土地，就为自己创造了从可能出售的地产的增值中弥补帝国在胶澳地区已用的和仍必须使用的一部分开支的可能；同时，它阻止了随之出现的私人投机，坐享只源于因德国政府的占领，亦即德意志帝国的活动造成的土地增值的成果。❶

在德国占领者正式购买土地之前，中国的土地签约者仍是土地的所有者，他们完全可以继续耕种其土地并收获，除了不准擅自出卖土地外，他们依然可以自由支配他们的土地，想干什么都行。

迪德里希分别与各村庄签订这项契约的最终格式是：

> 我们，××村庄的居民，立字证明同意上述合同并通过在交给我们的名册上签字画押，证明收到了其中确定的补偿款项。❷

1897年底，迪德里希与44名土地所有者达成了第一份买卖契约，这对于以后的购地活动具有范本作用：

---

❶［德］单维廉：《胶澳行政——胶澳地区的土地、税收和关税政策》，夏树忱译，未刊稿。
❷［德］单维廉：《胶澳行政——胶澳地区的土地、税收和关税政策》，夏树忱译，未刊稿。

我们，王等人（随后附有 44 个人名单），出具这份永远有效的卖地文书，兹声明：我们把在即墨县文峰社（镇）小泥洼以东属于我们的土地，如以下所示，其中约有 126 亩已种植，自愿以总价 2 750 块大洋卖给德意志帝国的全权代表德国的舰队司令（迪德里希）阁下。随付款即行转让。最终达成此项买卖。

（土地）出售之后，买方完全可根据自己的意愿利用土地，卖方不得进行任何干预。仅许可卖方以惯用方式收获这些土地上的庄稼。如果相关土地在收获之前已由德国政府使用了，则要对收获物作价给予卖方补偿。如果卖方日后仍要利用这些土地，可以向德国政府租用。

兹证明我们在扣除前已收到的预付金 15 块大洋后，已收到 2 750 块大洋。

我们谨出具此文书以兹证明。❶

1898 年 1 月 8 日，为了防止了日后有人声称自己对已由德国获得优先购买权的土地还拥有其所有权，迪德里希又发布了一项特别公告，其中特别说明：

因此，将告知未参与各村子的（土地）签约而又对所列举村庄范围内的土地提出要求的这样一些人，因为他们主张这些土地或者是通过遗产继承顺序占有的，或者是在我（迪德里希）于去年 11 月 14 日颁布的布告前已从村民处购得的，我对他们提出的土地要求，只要他们完全有根据，只要他们在从本布告发布之日起 45 天的期限内向我申报，我将予以确认。

不乏事后（期限过后）（他们）据理提出要求的尝试，这些要求根据布告（条款规定）被驳回。❷

德海军顾问、皇家胶澳地区名誉专员单维廉博士（Dr. William Schrameier）（图 5-8）认为：

迪德里希采用强制措施迅速掌控占领区的土地，首先具有重要的政治意义，通过与军事占领相结合为德意志帝国创立城市和港口建设用地的取得合法权益，

▲ 图 5-8　德海军顾问、皇家胶澳地区名誉专员单维廉博士

---

❶［德］单维廉：《胶澳行政——胶澳地区的土地、税收和关税政策》，夏树忱译，未刊稿。
❷［德］单维廉：《胶澳行政——胶澳地区的土地、税收和关税政策》，夏树忱译，未刊稿。

造成清政府的政治困境，最终迫使清政府签订租借条约；再就是在财政方面始终保持这种态势，可有效防止投机者的介入。❶

迪德里希代表德国政府不仅占领了大批官地，并且采取利诱和行政强制的手段，低价征用了大量的农田及民地。除留足殖民地政府公用和军用的土地外，其余的土地则分为若干块，准备有计划地向私人拍卖。迪德里希对土地掌控措施的实施，为后来青岛土地政策和建筑条例的制定以及青岛城市规划的顺利实施打下了良好基础。

在胶澳总督府未成立以及没有法规章程（土地政策）可依据的情况下，为了尽快理清土地状况、制定优先购买法和制定出台土地买卖的相关法律政策，推进土地有序开发和城市建设有法可依，德国海军部得到德国外交部支持，派遣驻上海总领事馆担任翻译官的单维廉博士于1897年12月1日到达青岛，主持制定青岛土地买卖政策。单维廉早在1885年就作为德国外交部外交事务翻译供职于中国北京、香港、广州、上海等城市。

1898年初，华人事务委员单维廉主持起草和制定青岛土地政策，1898年9月2日胶澳总督府公布《置买田地章程》，随后，又相继颁布了《青岛地税章程》《田地易主章程》等。这一架构体系，构成了青岛较完备的土地政策，明确了胶澳地区买卖土地的一系列法律规定。胶澳总督府获得土地优先购买权，避免了有其他买主与总督府竞争，从而掌握了土地买卖的主控权并统一定价，从土地拍卖、土地增值税和土地税获得大量城市公共设施建设资金和保证城市建设顺利进行。在拍卖相应地块之前，有意购地者必须向总督府提交地块准备用途的说明申请后方可参与竞拍，总督府监督整个建筑项目的全部细节。青岛土地政策的制定排除了投机购地，是总督府土地可控、保证持续发展和减少风险的重要条件，也促进了在购买土地后快速建房和防止闲置不用，形成了建筑义务，被誉为是一个史无前例的、无与伦比的措施。

竞买到的土地必须按照建设规划中的用途在三年内完成建设。否则，将面临提高土地税的处罚，每年递增3%直至24%。而土地税是很高的，通常为土地价值的6%，相当于当时东亚地区一般资本利息的6%地税，迫使土地所有者迅速而

❶ ［德］单维廉：《胶澳行政──胶澳地区的土地、税收和关税政策》，夏树忱译，未刊稿。

且经济地开发利用所购土地。土地制度规定了日后土地所有者变更交易时，必须把从土地买卖的收益减去原有投资而获利的 1/3 作为增值税交给总督府，单维廉把这种税称之为"预防对公共有害的土地投机资金"。❶

　　青岛的土地政策，促进了城市建设活动按照总体规划有序和可控实施，是健全经济政策的基础，是德国人在青岛的试验和世界首创。通过土地买卖，胶澳总督府攫取了巨额暴利。

🔺 图 5-9　青岛土地税价地图 ❷

　　德国本土于 1904 年起效仿青岛的地政制度，并逐渐演变为联邦税，还将青岛的土地法应用于其非洲殖民地喀麦隆的土地改革。嗣后普及到中欧以及英国、美国、加拿大、澳大利亚等地。青岛土地政策使总督府全面和有效地控制土地开发，成功推进了城市现代化进程，对孙中山的土地思想亦产生了很大影响，专门邀请单维廉到广州协助制定中华民国的土地政策。美国的一些观察家和《美国经济联盟通报》也对青岛的土地制度及其取得的成就予以高度评价。

---

❶ ［德］托尔斯藤·华纳：《近代青岛的城市规划与建设》，青岛档案馆编译，南京：东南大学出版社，2011 年，第 92、95 页。
❷ 青岛市档案馆编：《见证青岛》（上），青岛：青岛出版社，2009 年，第 26 页。

虽然德国人在青岛的土地政策被誉为"世界首创",却是建立在损害中国人根本利益的基础之上。中国人自古就有"故土难离,乡情难舍"的情结。当时青岛市区分布的村落有几百年的历史,那里是其祖祖辈辈繁衍生息的地方。但是,青岛总督府无视中国民众的抗议,在1898—1905年,强行将位于青岛市区的青岛村(图5-10)、会前村、小泥洼、大鲍岛、小鲍岛、孟家沟等九座村落的土地全部征购,房屋全部被拆除,原房主可以用补偿款在德国人规划的台东镇建造新居,或者迁往距离市区更远的地方。市区内只保留了位于青岛村的中国式古建筑天后宫及总兵衙门。

▲ 图5-10 被胶澳总督府强行拆除的青岛村 ❶

当时的报纸新闻对新建的台东镇住宅区建设予以赞扬,对那些失去土地和家园而沦为劳工或从事小生意果腹的民众抗议只字未提。如单维廉在《胶澳行政——胶澳地区的土地、税收和关税政策》一文所说的:

中国土地所有者拒绝将土地转让给总督府的情况,确实出现过,尤其是在初期。在这样一些情况下,总督就单方面下命令征购土地并通知土地所有者。即使无书面证件,也会为土地所有者留下地价。通过相关人员立即无条件地取走留下的钱,他们便默认了同意所希望的法律状态。他们在收到钱后很痛快地就办了证件。这样的情况当然属于例外。购置

---

❶ 青岛市档案馆编著:《图说老青岛》,青岛:青岛出版社,2016年,第77页。

成千上万农民继承的赖以为生的土地并非易事。这需要受委托购地的官员对此做许多工作，要有耐心和对事情的理解，在短时间使中国人感受到迫使他们让出土地的入侵的德国人的权势。❶

20世纪20年代末，一位美国人对于青岛德国总督府强征民众土地、拆毁他们家园的行为予以谴责：

德国人拆除青岛渔村以在其原址上建立一现代德国城市的行径，深为中国村民所义愤。诚然，台东镇新建居民区比原渔村要优越得多，但那些热衷于"开化"世界上"落后"民族的人士应认识到：他们的"成就"并非广为赞赏，因为，任何人都不喜欢强制性的"文明"。❷

---

❶ 胶澳行政–胶澳地区的土地、税收和关税政策 单维廉博士著 未刊稿 夏树忱 译。

❷ ［德］托尔斯顿·华纳：《德国建筑艺术在中国——建筑文化移植》，柏林:Ernst & Sohn，1994年，第198页。

侵占青岛的前奏

第六章

一、"武昌事件"

二、"巨野教案"发生

三、侵占青岛的借口和战前准备

"武昌事件"

　　迪德里希当时真的担心，在对胶州湾沿岸土地调查的意图，会因为"皇帝"号巡洋舰出现在胶州湾对俄国暴露之后，很可能俄国、法国或英国方面会阻止迪德里希实施以私人名义购买土地的行动。但是不久发生的"武昌事件"，使迪德里希认为之前针对侵占青岛的所有准备和担心成为多余，因为发生了"武昌事件"或许会帮助德国达到取得青岛的目标。

　　1897年10月31日，迪德里希在"皇帝"号舰上收到了在武昌的"柯莫兰"号舰舰长的电报：一艘挂有德国旗帜的小汽船上的军官和艇员在武昌登陆地点遭遇了一群中国民众投来的石块，公使封·海靖为处理这件事暂时留在武昌。

　　迪德里希立即建议：

　　　　作为对冒犯德国国旗的补偿要求，一是对"肇事者"惩戒性惩罚；二是由总督道歉；三是由吴淞口炮台为德国国旗鸣放21响礼炮。

　　特别这最后一项要求，迪德里希是想避免这件事由湖广总督张之洞插手，因为吴淞炮台不在他管辖的省中，因此此事就必须经过清朝中央政府来处理了。

　　迪德里希认为：

　　　　这样便为他谋划更大的筹码赢得了时间，而且，如果公使海靖能迫使清政府而非一个省当局（总督或巡抚）赔罪的话，影响力就会很大，这必然会有助于德国的威望。

迪德里希从与海靖的来往电报中得到一个印象，海靖很想尽快就地处理这件事，以便能结束在武昌的无谓逗留。

10月31日上午，迪德里希收到海军总司令的一封电报，作为对他（299）号早期报告（迪德里希在结束北京、天津的逗留时，向柏林进行了全面报告）的答复，在电报中秘密通知他：

> 俄国已放弃了对胶州湾的要求，但只有在它确保了在中国北方找到其他港口之后，才会将其转让给德国，在这之前，德国强行占领胶州湾是不适宜的。

就是说柏林仍处于俄国驻北京的公使卡西尼连篇谎话影响之下。这使迪德里希很不甘心，因此，他于11月2日发了一封电报给海军总司令并询问："是否可利用武昌事件，通过赔偿要求达到我们的其他目标？"但因与国内联系困难，这个询问电报11月3日早晨才发出。迪德里希的这个"其他目标"可确定为进一步迫使清政府答应德国出让胶州湾及沿岸地区。这明显是对清政府的挑衅。

1897年11月2日下午6点的时候，迪德里希从公使海靖处得到以下询问：

> 由道台送交船上的总督（张之洞）的书面道歉对出身高贵的阁下够吗？要总督本人到场会有很大困难，由这里的炮台或军舰而不是吴淞的（炮台）鸣礼炮，按我的看法，显然就是对我们的赔罪，已对肇事者进行了惩处。柏林回答说，我与出身高贵的阁下就赔罪方式应互相理解，而如果出乎意料不得不使用武力，则事先要询问柏林方面（的意见）。

迪德里希则于11月3日晨向公使海靖发出了答复："建议达到在吴淞（炮台）鸣礼炮的目的，拖住北京政府，以便为我们的目的利用此事件，为此，宜提高要求，我等待柏林的命令。"之后公使海靖答复说："我将在您所期待的柏林的指示到达后再提出要求，并请求尽可能加快。"

对于迪德里希发给海军总司令的电报一直到11月5日下午尚无答复，他的希望完全落到柏林的有力支持上。虽然迪德里希迫不及待地想要实施武力强行占领青岛的计划，但又受到国内掣肘。

二 "巨野教案"发生

1897年11月5日下午快5点时，迪德里希接到公使海靖一个通报，通报说："鲁南的德国天主教传教士打电报来，一位传教士被杀，另一位失踪，住宅遭劫。"这就是轰动中外的"巨野教案"。

1897年11月1日傍晚，分别在汶上县和曹州郓城县一带传教的德国天主教圣言会传教士能方济（图6-1）和韩·理加略（图6-2），因去兖州天主教总堂参加"诸圣瞻礼"，路过巨野县磨盘张庄时，因天色已晚而留宿教堂。张庄教堂传教士薛田资（图6-3）周到地接待能方济和韩·理加略，把自己的卧室让给两位客人住，自己则在教堂守门人的门房里休息。深夜，巨野县大刀会组织会员和民众十几人手持匕首、短刀闯进张庄教堂，冲入薛田资的卧室，杀死了德国传教士能方济和韩·理迦略。薛田资躲在门房里侥幸没被发现，并仓皇逃往济宁，电告德国驻华大使并转德国政府，史称"巨野教案"。

🔺 图6-1　能方济

🔺 图6-2　韩·理加略

🔺 图6-3　薛田资

🔺 图6-4　"巨野教案"发生后，德国天主教圣言会用清政府赔款重建的巨野县磨盘张庄教堂❶

　　迪德里希对于"巨野教案"的发生，在他的《手记》原文记载了当时的心理：

　　　　除了对这种罪行愤怒还夹杂有一种快感而且也是满足感，终于可以对中国当局采取惩戒性惩罚，使其停止对基督徒的骇人听闻的迫害了。

　　对此，迪德里希在立即发给海军总司令的电文中加了询问："要为此（巨野教案）利用'柯莫兰'事件（武昌事件）的赔偿要求吗？——根据我电报的意思由第三者书面确认。"后一句话把公文格式改作惯用德语的意思是："我请求对这封

---

❶ 青岛市政协文史研究会编、车辐著：《世纪光影——照片中的青岛旧事》，青岛：中国海洋大学出版社，2022年，第18页。

电报已到达（做）书面确认"。迪德里希担心，1897 年 11 月 3 日的那封电报可能有意无意地被外国线路拦截了。尽管整个通信是以密码写的，根据经验不能排除这样的干扰。迪德里希此电报的询问核心要义应该是：可以利用"巨野教案"和"武昌事件"合并叠加一起向清政府要求更高的赔偿，满足德国更大的或既定的胶州湾的目标。

迪德里希现已不再怀疑，以他所希望的想法将能得到柏林的授权来跟踪"巨野教案"这件事的处理，他拟就了德国现在可以谴责清政府的文稿：

> 在面对日本的逼迫签订《马关条约》时，你们不值得我们出面干涉日本归还辽东半岛的外交支持。你们给予了英国、俄国、法国一个接一个的开发权，而你们却煽动了人民反对我们，使误导的群众在武昌自然爆发对我们的军官大喊大叫并侮辱我们的旗帜，对此不是给予迅速赔偿，而跟着犯了杀害和抢劫那些受到条约保护的信仰基督教义的无辜传道者的新罪行。

1897 年 11 月 5 日晚，迪德里希为了引起公使海靖对"巨野教案"采取进一步措施的重要性和谋划要求"更大"赔偿的重视，他即刻打电报给海靖，也就是说在接到有关传教士被杀的通报后：

> 我立即于星期二（1897 年 11 月 2 日）向柏林请示，可否要求高额赔偿。但迄今未得到答复。您的关于传教士被杀的电报收悉。

给海靖的电报发出五小时之后，迪德里希被告知，因公使海靖的电报显然在线路上的问题迟到与他的电报错过而感到失望，即迪德里希在给公使海靖发电报前就该收到此封电报：

> 鉴于昨天的山东电报（鲁南的德国天主教传教士打电报来，一位传教士被杀，另一位失踪，住宅遭劫），为了办理这里（"武昌事件"）的事情，我今天下午将通过道台转达（"武昌事件"）赔偿要求：总督书面道歉，在吴淞口鸣放礼炮，惩罚肇事者，限期（总督张之洞）24 小时答复，要求一经满足，按我的意见，"柯莫兰"号即可开航（回上海）。

从这封电报内容可以看出，公使海靖虽然提到"巨野教案"，但是，并没有向迪德里希通报对处理此事件的意见建议或者意见征询。

之后不久，迪德里希得知：公使海靖向总督张之洞解释迪德里希提出的赔偿条款，张之洞也以迪德里希的名义接受这些要求。迪德里希认为公使海靖处理"武昌事件"的程序，与柏林的指令和迪德里希所表达的观点很不一致，更没有继续提出关于发生"巨野教案"要求清政府更大赔偿的意见。因此，他打电报给海军总司令提出对公使海靖的不满。由于公使海靖的行为，使迪德里希更确信了自己的观点：公使海靖是受到了急于要从武昌脱身和到华南考察愿望的支配。

对于接连发生的事件，迪德里希原本希望可以利用这些机会要挟清政府以达到"其他的目的"，但是，公使海靖在武昌急于脱身和国内指令的不明朗，使他感到意图为达到占领胶州湾的希望减小了。

因参谋长蔡厄和副官封·阿蒙已与公使随行到汉口，这时只有副官策佩林在他身旁。不过，他仍然为实施对胶州湾地区可能的军事占领行动做着各种必要准备工作，这些准备只要在吴淞口的停泊地就可以做到。11月8日，迪德里希与副官乘一艘客轮返回吴淞口军舰上。

11月8日，迪德里希收到海军总司令的命令。《手记》原文记载：

我们的情绪由于11月8日早上9点收到的海军总司令的命令十分高昂。命令说，可以利用这一系列事件来达到其他目的。因此告知公使，同意您提出苛刻的赔偿要求，电告（我）达成的要求。

公使海靖不得不根据海军总司令、外交部和迪德里希的考虑，于第二天（11月9日）早晨乘坐"柯莫兰"号到达上海。迪德里希已经按照海军总司令的命令起草了对"巨野教案"建议的赔偿要求，主要内容有：

1.惩治参与杀害者和抢劫者；2.撤销巡抚（李秉衡）的职务并罢黜他担任公职的资格（将其削职为民）；3.赔偿暴乱给德意志帝国造成的损失；4.确保此类事件不再发生。

迪德里希关于第三点和第四点要求，在文字措辞方面还是谨慎地、没有提出明确的条件和更大的目标。因为占领胶州湾地区对德国来说是既定目标，又有各方面反对强行占领的不同意见。迪德里希是希望由柏林的海军总司令部、外交部等主管当局来确定最终要求赔偿的范围或者得到威廉二世的命令占领胶州湾及沿岸地区（青岛）。

三　侵占青岛的借口和战前准备

"巨野教案"这一突发事件给了欲攫取青岛已久的德皇威廉二世一个求之不得的理由。

1897 年 11 月 7 日，威廉二世向首相何伦洛熙指示：

> 我们必须于另一个大国鼓动或帮助中国之前，赶紧抓住这个机会。现在不干，就永远不能再干。❶

11 月 8 日中午 12 点 30 分，迪德里希收到由海军总司令发来的德皇威廉二世电令（图 6-5），则造就了一个全新的形势。

⬤ 图 6-5　为德皇威廉二世命令东亚舰队司令迪德里希立即率领整个舰队驶向胶州湾，占领合适地点和村庄的电令 ❷

---

❶ ［德］威廉二世：《威廉二世谕帝国首相何伦洛熙公爵电　手稿》，青岛市档案馆、中国第一历史档案馆编：《胶州湾事件档案史料汇编》（下册），青岛：青岛出版社，2011 年，第 155 页。

❷ 青岛市档案馆编：《见证青岛》（上），青岛：青岛出版社，2009 年，第 15 页。

电令：

将整个舰队迅速驶向胶州湾，占领该地合适的地点和村庄，并从该处以您认为合适的方式获得赔偿。对您航行的目的地保密。——皇帝兼国王威廉——告知驶离（时间）和电报地址，给回执。

德皇威廉二世的这道命令是授权迪德里希全权负责这次军事行动，实施迅速占领迪德里希认为合适的地点和村庄为青岛。迪德里希认为，这是否是他向海军总司令抱怨公使海靖处理"武昌事件"的作为对此命令起了作用，不得而知。但是，迪德里希很明白，现在无论如何要摒弃个人偏见，只能与公使海靖尽可能紧密合作，并在随后积极实施已谋划周全的占领方案和步骤，以期达到所谓对德国"最好的结果"。

当时，东亚舰队的五艘战舰的基本情况如下。

旗舰"皇帝"号（SMS Kaiser）大型巡洋舰（图6-6），1874年于伦敦下水，舰长85米，宽19米，吃水7.5米，排水量7 675吨，水线铁甲厚260毫米，功率8千匹❶，最高航速13节；配备260毫米口径舰炮8门、150毫米口径舰炮5门、88毫米口径快炮5门、枪子炮4门、雷筒5具，舰员644人。

"威廉亲王"号（SMS Prinz Wilhelm）小（中）型巡洋舰（图6-7），1887年于基尔下水，舰长94米，宽14米，吃水7.5米，排水量4 400吨，穿甲厚76毫米，功率8千匹，最高航速18节，配备150毫米口径舰炮4门、105毫米口径舰炮4门、88毫米口径快炮6门、雷筒3具，舰员365人。

"柯莫兰"号（SMS Comoran）军舰（图6-8），1882年于但泽下水，舰长76米，宽10米，吃水5米，排水量1 580吨，功率2.8千匹，最高航速14节，配备105毫米口径舰炮8门、连珠炮4门、雷筒2具，鱼雷5具，舰员159人。

"阿尔柯纳"号（SMS Arcona）小型巡洋舰（图6-9），1857年于但泽下水，吃水5米，排水量2 373吨，功率2.4千匹，最高航速14节，配备150毫米口径舰炮12门、150毫米口径快炮4门、105毫米口径半快炮4门、连珠炮4门，舰员268人。该舰1884年退役后作为海军靶舰，后又重新启用调往东亚舰队。

"伊蕾妮"号（SMS Irene）小（中）型巡洋舰（图6-10），1888年于什切青

---

❶ 1千匹 ≈ 735.5千瓦。

下水，舰长94米，宽14米，吃水7.5米，排水量4 400吨，穿甲厚76毫米，功率8千匹，最高航速18节，配备150毫米口径舰炮4门、105毫米口径舰炮4门、88毫米口径快炮6门、雷筒3具，舰员365人。❶

🔺 图6-6 "皇帝"号大型巡洋舰

🔺 图6-7 "威廉亲王"号中型巡洋舰

❶ 青岛市档案馆编著：《德国侵占胶州湾研究》，青岛：青岛出版社，2017年，第29–30页。

▲ 图 6-8　"柯莫兰"号军舰 ❶

图 6-9　"阿尔柯纳"号小型巡洋舰

▲ 图 6-10　"依雷妮"号中型巡洋舰 ❷

❶ 图 6-6 ～ 6-8 均出自青岛市政协文史研究会编、车韬著：《世纪光影——照片中的青岛旧事》，
青岛：中国海洋大学出版，2022 年，第 26 页。
❷ 图 6-9、6-10 均出自青岛市政协文史研究会编、车韬著：《世纪光影——照片中的青岛旧事》，
青岛：中国海洋大学出版，2022 年，第 26 页。

威廉二世的命令是：将整个舰队迅速驶向胶州湾。迪德里希在皇帝的命令与舰队实际情况之间做了权衡，决定采取迅速和保密的行动，以免清朝政府警惕防备和俄、英、法、日等国干预。

此时，东亚舰队的五艘战舰当中，"伊雷妮"号远在香港，"阿尔柯纳"号则在上海的船坞中修理。对于"柯莫兰"号，在收到传教士被杀的消息后，迪德里希已经否决了它将在上海待命入坞进行修理的申请。因此，迪德里希手边只有"皇帝"号、"威廉亲王"号和"柯莫兰"号可以立刻整备出发。迪德里希认为，在其他国家普遍猜忌下，只有极迅速的行动和保密来期待成功，并决心放弃等待"依雷妮"号和"阿尔柯纳"号全部入列的想法。尽管已有柏林"迅速占领"的命令，以及在北京与公使海靖筹划周全的占领计划，并且已在"皇帝"号上紧张地进行着各项准备工作，但在最后时刻仍有大量工作要做。

迪德里希对"皇帝"号、"威廉亲王"号和"柯莫兰"号的武力占领行动做了精心周密的部署和安排：招聘中文和德文翻译人员，还要有把告知青岛老百姓的公告和致中国总兵章高元要求其交出胶州湾驻防的信函书写成中国式行文语言的书办，并将其安排到船上；预防因中国人的敌视和抵抗以及出现电报中断等突发情况时，应去租赁用于同上海联系的轮船；购置供官兵骑乘和驮运物资的马匹；购置官兵冬季在陆地上所需要的装备以及其他物资。而这一切复杂和系统的工作应在最少 48 小时内做好准备；同时，要求这些准备工作对外严格保密。就最后一种情况而言，迪德里希到处隐瞒真相，只说是要在胶州湾进行射击演习。迪德里希感到：

> 这真是很"幸运"，因为此前几天与英国舰队司令布勒（Buller）在驻上海总领事馆一起吃饭时，仍旧放出口风说要利用胶州湾进行射击演习。迪德里希说："这位和蔼的并熟悉中国沿海的先生还让我了解了他的想法。当时我尚未预感到，这些信息对我是多么重要和有价值。

迪德里希依藉德国驻上海总领事馆施梯伯尔（Stübel）总领事和其他官员考虑周到的鼎力相助，得以成功地把一切准备工作都安排就绪。迪德里希说："对因此而产生的困难，也许我将在另外的地方对处于相似境地的战友们详述。"

迪德里希在《手记》原文记载中谈到他本人遇到的一件小的"困难"：

> 就在 11 月 8 日中午 12 点接到至高无上的陛下的命令后，我立即在

晚上对总领事馆进行了拜访。趁着涨潮，我们（我和副官海军上尉封·阿蒙）乘一艘小汽艇（图6-11）本该晚上八点就能走完的这段路，因半路上机器出了故障，小艇随波逐流，直到（午夜）一点左右才到了总领事馆前。我们不断地大声喊叫才叫来一只舢板，把我们带到了陆地。而小汽船最终在流中靠上了一艘轮船，轮船顶着流推动它。但领事馆楼内的人都睡了，直到来了一位仆人。整个晚上就这样过去了。直到第二天早上喝咖啡时，我才可能从施梯伯尔博士（总领事）处了解那些重要的事。

迪德里希得知，威廉二世给东亚舰队命令的电报通知，同时也包含有外交部敦促公使海靖立刻返回北京的内容。可能就发生的一系列事件向清政府进一步抗议施压，配合东亚舰队的占领行动，以及武力占领青岛后可能发生的中德之间、其他国家干预的外交冲突进行交涉等外交努力。

🔴 图6-11　图中有烟囱的小船即东亚舰队的小汽艇，可收纳至大型舰船中，用于登陆、侦察、通勤等 ❶

---

❶ 阎立津编著：《青岛图像志：卷一·建置初期》，青岛：青岛出版社，2023年，第480页。

11 月 9 日中午，迪德里希乘"皇帝"号随着落潮回吴淞口锚地，他委托总领事和"阿尔柯纳"号舰长海军上校伯施太恩（Bestern）结束"柯莫兰"号与公使海靖因"武昌事件"所要争取赔偿的行动步骤。到达吴淞口锚地已经是下午四点左右。

11 月 9 日下午，公使海靖与其夫人和翻译克勒普斯（Krebs）登上旗舰"皇帝号"。迪德里希从上海一起带回舰上的邮件中也有给封·海靖夫人的信件，她到后舱读她的信。迪德里希与公使海靖则坐在前舱讨论已拟定的占领青岛行动方案和采取步骤的可行性。其中，公使海靖对于"巨野教案"的赔偿要求也提出了与迪德里希大致相同的四点主张：

1. 惩治和罢免有过失的中国官员；2. 向传教士道歉；3. 为传教士建教堂；4. 在教堂上挂大清国皇家保护牌。

迪德里希觉得这些要求是不够的，必须充分考虑到英国更多的是法国、俄国等敌方从中作梗。因为其他欧洲国家及美国、日本，没有一个乐于看到德国在中国沿海有一块殖民地，这一点，迪德里希无疑是清楚的，尽管西方列强各国之间彼此给予了外交保证，但出尔反尔的可能性很大。迪德里希担忧的是：清政府主要是听从英国和俄国驻北京代表的主意的，它也许会立即同意这些赔偿要求；而对德国来说，清政府，或者可能清政府联合英国、俄国等国家会提出任何理由，剥夺德国进军胶州湾或保持占领它的权利。因此，要迅速地执行德皇威廉二世的命令，果断地采取军事占领行动并且速战速决。而且，不是只采取军事占领行动，还要在外交方面必须向清政府提出更为苛刻的赔偿要求，即德国人所谓的"道德"绑架，迟滞清政府答应赔偿要求，以便顺利完成军事占领青岛的行动。从迪德里希和海靖起草的赔偿要求来看，虽然都没有涉及胶州湾（青岛），但是他们的目的是外交与军事行动相呼应，同时向清政府施压，最终达到占领青岛并使青岛成为德国殖民地的目标。

迪德里希拿出了他本人起草的要求：1. 惩治参与杀害者和抢劫者；2. 撤销巡抚（李秉衡）的职务并罢黜他担任公职的资格（将其削职为民）；3. 赔偿暴乱给德意志帝国造成的损失；4. 确保此类事件不再发生。基本上与前文海靖所提到的四点相似，公使海靖表示赞同，并认为在第二点，严惩始终敌视外国的山东巡抚李秉衡将会产生很好的影响。与此同时，公使海靖请迪德里希把起草的赔偿要求文本拿给他，然后，走到后舱他夫人处，低声同她说了一会然后返回来说："我完全同意您的想法"。

　　这两位德国在东亚军事和外交的代表人物很快就更苛刻的赔偿要求达成了一致。至 11 月 20 日，海靖回到北京后，向清政府正式提出了经过修改的六条索赔条款，但是，其中并不包含强占或租借青岛。并且，公使海靖很热心地把通晓中文的公使馆翻译克莱普斯（Krebs）交给迪德里希，公使海靖然后与他的夫人到上海去等待返回北京的轮船。因为迪德里希身边的军舰需要整备出发，不能再缺少军舰，所以公使海靖及其夫人只得搭乘下一班货船到天津港返回北京。

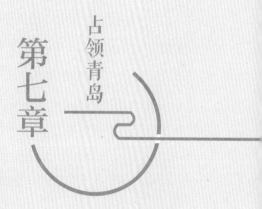

第七章 占领青岛

一、起航驶往胶州湾

二、登陆青岛侦察和战前部署

三、东亚舰队占领青岛

四、各方纷争内幕

五、迪德里希的"幸运"抉择

六、德国占领青岛引发国际外交波澜

七、各方纷争内幕分析

八、"永久占领青岛"的最高决策

九、向清政府提出索赔条款

十、"赔偿六条"不直接提出"租借青岛"
  的原因分析

十一、巩固占领青岛成果和扩大军事行动

一 起航驶往胶州湾

11月9日这一夜，迪德里希按照行动方案和步骤，向各军舰签发出航命令，并将占领青岛军事行动的时间定于11月14日早晨。

11月10日，用来向各舰添加给养和煤。为了保密和尽可能少地引起其他国家的猜测和怀疑，迪德里希决定分兵行动。

🔺 图 7-1 德国发行的驶向胶州湾的东亚舰队军舰及水兵漫画明信片 ❶

11月10日下午，海军上校蔡厄还在上海，应公使海靖请求回到吴淞口锚地停泊的旗舰"皇帝"号，并转达公使海靖口信，把占领胶州湾推迟到11月16日。因为公使海靖不能比这时期更早回到北京，而且他要在北京利用清政府的措手不及而

---

❶ 阎立津编著：《青岛图像志：卷一·建置初期》，青岛：青岛出版社，2023年，第432页。

迅速地达到所要求赔偿的让步。

1897 年 11 月 10 日晚上 9 点 40 分，迪德里希首先率领旗舰"皇帝"号离开了吴淞锚地向胶州湾进发；而"威廉亲王"号和"柯莫兰"号在 11 月 11 日上午才离开锚地，前往胶州湾前潮连岛锚地与"皇帝"号汇合。为了尽可能少地引起怀疑，作为后两艘舰"伊雷妮"号和"阿尔柯纳"号的规定集合地点，约定在福建宁德东南的三沙湾（Samsah）。

根据迪德里希之前在上海总领事馆与礼和洋行的莱奈尔面谈的关于提前购置胶州湾沿岸土地的愿望，礼和洋行的商人施米特正在有意安排绕过陆地经海上航行再次到山东的旅行考察，借此时机并经其公司同意，乘旗舰"皇帝"号一起出发。迪德里希认定，礼和洋行是值得信赖的德国企业，愿意在各国之间首先为德国争得利益。可以通过施米特了解中国的情况，并让他本人标下东亚舰队难以购置的土地，对占领胶州湾后迅速攫取具有战略价值的土地并能站稳脚跟具有很大意义。迪德里希认为，即使是其他有关国家的公司更多地了解山东的情况，也不能与其合作，决不允许因疏忽而泄露德国立即占领青岛的意图。

迪德里希猜测，公使海靖改变原来的旅行计划立刻赶回北京的举动，可以很容易使清政府和其他国家确信，因为"巨野教案"的发生，使中德两国之间的关系变得更加紧张了。在上海，德国方面除了总领事外，只有各舰的舰长露面准备给养物资，其他官兵在吴淞口锚地的各舰上待命不准上岸。尽管处处小心，但为了租赁轮船的谈判，还是有消息传出并引起了猜测，导致 11 月 10 日下午一位英国记者向公使海靖提出了东亚舰队的军舰将占领胶州湾的问题。这增加了迪德里希对清政府及各国可能进行干涉的担忧。

11 月 11 日早上，也就是在海上航行途中，迪德里希的副官海军上尉封·阿蒙向他报告说，担任参谋长职务的海军上校蔡厄考虑，占领只能在 15 日实施，因为 14 日是星期天，基于宗教和传统是官兵休息的日子。迪德里希《手记》记载："对于（海靖、蔡厄的）两种苦求，我只能以指出面临我们的'好朋友'、驻北京的各国公使的阴谋诡计的危险来回答和强调，不容失去这个时机。"迪德里希决定不允许消极等待，而是迅速而果断地实施占领青岛的军事行动方案，以免"夜长梦多"。再就是迪德里希的结婚纪念日恰巧是 11 月 14 日，是"巧合"还是如他所言"不容失去这个时机"，不得而知。

各方对于占领行动的时间上意见相左，这从另外一个角度来分析，是德国的海军司令部与外交部、迪德里希与海靖、东亚舰队内部之间，为了在这次行动中争得各自的功劳的写照；甚至将威廉二世的"将整个舰队迅速驶向胶州湾"的命令做变通。

迪德里希率领的旗舰"皇帝"号大型巡洋舰从吴淞口锚地出发后，都是在极好天气航行下。

11月11日晚上，到达胶州湾前的潮连岛锚地，等待"威廉亲王"号和"柯莫兰"号前来汇合。迪德里希在"皇帝"号上最终确定了告知青岛老百姓公告的文字和致清军总兵章高元的令其交出胶州湾驻防的通牒信函。迪德里希《手记》原文记载："被雇用来改正中文行文的中国文办未表现出丝毫的惊讶和激动，而是以认真和令人愉快的态度完成了其任务。照理说，这原本该引起一种爱国行为的。中国缮写员表现的态度差不多，他是受委托来复写文件的。"

11月12日上午8点半后，"威廉亲王"号和"柯莫兰"号到达"皇帝"号身边。这天晚上，迪德里希在一次与三舰舰长举行的会议上确定了占领青岛最终的军事行动方案和具体的措施步骤，并向登陆部队发出了命令。

11月13日上午8点20分，"皇帝"号、"威廉亲王"号和"柯莫兰"号在青岛口（在英国地图上被称作青岛）锚地阿尔柯纳岛（今小青岛）处抛锚，并调派登陆艇上岸侦查（图7-2）。

🔺 图7-2 东亚舰队"皇帝"号、"威廉亲王"号和"柯莫兰"号在青岛口集结，并调派登陆艇上岸侦查❶

---

❶ 阎立津编著：《青岛图像志：卷一·建置初期》，青岛：青岛出版社，2023年，第426页。

二 登陆青岛侦察和战前部署

　　迪德里希在登陆前，根据东亚舰队早先的侦察结果，尤其是由海军上校蔡厄在 5 月间协同弗朗裘斯对胶州湾的调查时（迪德里希还在到达上海上任的旅途中），进行侦察了解到清兵驻扎在青岛的基本情况：青岛周围驻扎有 3 000 人的部队。其中一半驻扎在距海岸数公里的村庄中，而青岛村周边六个营房总共驻有 1 500 人的部队。这些清兵看来很少有作战准备，他们的枪是德式 M/71 型来复枪（图 7–3），一部分因生锈而不能用了，没发现枪上有刺刀；而军事操练仅限于队列训练、转弯和操枪动作（图 7–4）；预期不会遭遇这些清兵的强烈抵抗；唯一可能受到威胁的是清兵炮台 14 门 70 年代初制造的 80 毫米克虏伯大炮的轰击（图 7–5）。迪德里希 1879 年曾随德国舰船在芝罘看到过清兵［还有一名德国教官谢尔（Schnell）上尉］使用这种或类似的大炮，最大射程约 1 000 ~ 1 500 米。青岛炮台这些大炮还在蔡厄上校 5 月来胶州湾侦察时，清兵用来在现场鸣放礼炮。这些大炮一起装设在一个兵营中，看起来保持良好，而且看来是马拉的炮车；炮兵兵营是方形的，围有 2 ~ 4 米高的厚厚的土墙和壕沟，并由厚厚的木门锁闭。迪德里希认为，只需阻止把大炮从兵营中拉出来，务必控制住不能使射程延伸到 3 ~ 4 千米的范围就行。

　　迪德里希手上可用的作战地图只是蔡厄上校提供的按英国海军早先的胶州湾海图而绘制的地形草图，也只好以它作为作战基础用了。［1863 年，英国海军部水道测量局派遣"燕子（Swallow）"号在舰长怀尔兹率领下来到青岛，用科学方法测绘了第一张青岛地貌及周边海域海况的地图（图7-6），记录高度用英尺，深度用英寻。李希霍芬曾表示："根据英国海军部绘制的海岸线，为我了解这个半岛提供了一个重要线索。]

⚫ 图7-3　章高元所辖部队配备德式M/71型来复枪

⚫ 图7-4　清军士兵按照德国士兵训练教程进行操练❶

⚫ 图7-5　东亚舰队的登陆部队缴获章高元炮兵营配备的80毫米克虏伯大炮后留影❷

---

❶ 图7-3、7-4均出自青岛市政协文史研究会编、车韬著：《世纪光影——照片中的青岛旧事》，青岛：中国海洋大学出版，2022年，第18页。

❷ 青岛市政协文史研究会编、车韬著：《世纪光影——照片中的青岛旧事》，青岛：中国海洋大学出版，2022年，第444页。

🔺 图 7-6　《胶州湾图》(1863 年) ❶

　　早在 19 世纪中叶，英国殖民者就将目光关注到了胶州湾

　　驻守胶州湾的清军总兵章高元见到青岛口锚地来了三艘德国军舰后，立即派遣一位军官前往迎接，并打探德军来意，德军以"借地操练"为名欺骗总兵章高元。迪德里希及其他官兵在舰上观望岸上地形和清兵布防的情况时，看到在冲着锚地的山坡上有一长列士兵在行进。迪德里希在《手记》原文记载："我们怀疑，这是否是偶然，或者让我们了解驻军的实力。"

　　旋即，迪德里希带领"皇帝"号舰长兼舰队参谋长蔡厄上校和参谋部的其他几位军官乘登陆艇登岸侦察地形。蔡厄上校作为领队，认为其从前的侦察与现场看到的情况相吻合，清兵只是在内湾（青岛口）把大桥（今栈桥的雏形）加长了。在桥岸边的营地只住有很少几个工人。迪德里希观察了当时潮汐和大桥周边是否适合登陆的情况，发现第二天的涨潮也会在一大早落潮，所以他选择了栈桥作为第二天早晨的登陆场。这样，相对于原来的地图，不仅登陆本身变得特别容易，而且对于登陆部队和小艇的路径也确定了，登陆不会费力。

---

❶ 杨来青：《让老地图说话》，青岛市档案馆编著：《图说老青岛》，青岛：青岛出版社，2016 年，"前言"第 3 页。

🔺 图 7-7　德国占领青岛后，东亚舰队水兵在栈桥进行登陆演习的场景❶

　　迪德里希一行来到了清军炮兵营房，看到一队士兵训练回来。士兵们对德国官兵的到来并没有排斥和警惕性，其中一个士兵很顺从地让一位德国军官把他的来复枪从肩上取下。迪德里希看到枪没有很好擦拭而且生锈了。这个士兵，当蔡厄上校对他喊了几声训练口令后，虽然稍有迟疑，但基本还是做对了，然后，这个士兵显然很自豪，并按照德国旧式训练规范做了几个操枪动作，但动作很滑稽。迪德里希认为清兵的枪、炮大多是采购自德国，军事操练可能与 19 世纪 70 年代末由德国教官施奈尔在芝罘的培训有关，清兵的单兵作战能力由此可见一斑。在炮兵营房内发现的 14 门 80 毫米克虏伯大炮，大概也是 19 世纪 70 年代制造的。因为炮栓已经取出，难以判断其使用情况，但从外表看，这些炮保养得不坏。因此，这 14 门大炮是迪德里希实施占领行动的防控重点。

　　当迪德里希一行之后来到弹药库时，清兵并没有阻止他们入内。在其中，仅发现了少数几个桶和木箱。正好有一个士兵试图用铁斧子在开一个箱子。蔡厄上校从旁帮助，而当箱子盖弹开时，箱子一直到顶都装满了质量有问题的火药。迪德里希觉得，可能这个士兵原本想以大量的弹药储备给德军一个下马威，结果适得其反。

　　在这些参观后，迪德里希认为，清兵的军事装备和训练素养与德国相差甚远。迪德里希决定"出其不意，攻其无备"。《手记》原文记载："如一场滑稽戏一样，

❶ 青岛市政协文史研究会编、车韬著：《世纪光影——照片中的青岛旧事》，青岛：中国海洋大学出版，2022 年，第 95 页。

便着手为第二天的占领做准备了。"

当天下午，"皇帝"号舰长兼舰队参谋长蔡厄上校再次与登陆部队的各路指挥官来到陆地上，根据上午侦查的情况，向他们传达和布置第二天军事占领行动的有关任务。占领行动基本方案如下。由 700 余名水兵组成登陆作战部队。三艘军舰分别在青岛口和胶州湾内占据有利位置，将舰炮对准总兵衙门、士兵营房、炮兵营房、弹药库等重点目标。如果双方一旦交火开战，即协同登陆部队进行轰击。迪德里希则在信号山居高临下坐镇指挥。登陆部队在占领所有兵营、炮兵阵地和控制弹药库的位置并切断电报线路后，要求衙门中的总兵章高元将其部队撤离和退出青岛驻防。

如前文所述，迪德里希尽管对率舰队起航往胶州湾的占领行动事先做足了保密措施，但是在租赁轮船的谈判过程中，还是被《泰晤士报》记者敏锐地捕捉到了信息，引起了对东亚舰队行动的猜测和严密追踪。

据史料记载，向清政府报告发生"巨野教案"一事，首先是 11 月 7 日由德使海靖和清出使德国大臣许景澄分别从汉口、德国发给总理各国事务衙门的电报，而山东巡抚李秉衡（图 7-8）（1894—1897 年在任）11月 9 日始向总理各国事务衙门报告此案，光绪帝的电旨斥责其报告"已属迟延"。

▲ 图 7-8　山东巡抚李秉衡

当然，因"巨野教案"将引发德国"寻衅滋事，强索海口"的局势，光绪帝对此已有清醒的认知。因此，1897 年 11 月 10 日，军机处奉旨寄给山东巡抚李秉衡电旨称：

奉旨：曹州杀毙洋人一案，前据德使及许景澄先后电报，今始据李秉衡电复，已属迟延。且盗匪在逃，岂悬赏通缉所能了事？著速派司道大员驰往该处，根究起衅情形，务将凶盗拿获惩办。阳谷（应为寿张）教堂事，亦一并查明勒缉。李秉衡身任地方，总须办理此案完结，方准交卸。现在德方图借海口，此等事适足为借口之资，恐生他衅。福建古

田案办理得法，著总理衙门择要钞寄。钦此。❶

关于光绪帝谕旨"岂悬赏通缉所能了事？现在德方图借海口，此等事适足为借口之资，恐生他衅"的警示，山东巡抚李秉衡却置若罔闻，在可见的档案史料中，自 11 月 10 日接谕旨至 11 月 14 日，上报的内容只涉及缉拿凶犯，没有报告关于其要求所统辖的山东各海口，尤其是对德国人屡次想要的青岛（胶州湾地区）驻军加强防务、防范德国企图的紧急安排。而且，直至东亚舰队已"兵临城下"，总兵章高元还向巡抚李秉衡报告："自应遵照前谕，妥为保护，惟此次并未奉有明文"等语。因此，对德国一直觊觎胶州湾和由"巨野教案"可能引发的两国争端，以及借机侵占胶州湾的企图，除了光绪帝的谕旨有警醒外，负责清政府外交、政务与军事的恭亲王奕䜣、中堂李鸿章、直隶总督王文韶、山东巡抚李秉衡等一众大员竟然对此紧急形势毫无研判，没有任何德军可能侵占胶州湾的预警情报给总兵章高元。

总兵章高元对德军 11 月 13 日上午、下午心怀叵测的侦查行动也毫无警惕，没有采取任何防御措施。晚清的海防军事重地竟然对外军"四门洞开"，毫无军事秘密可言，德军畅通无阻，以致肆无忌惮地采取军事占领行动。

德军以"借地操演"为名欺骗清军，总兵章高元信以为真，竟然以礼相待，当时致电直隶总督王文韶和山东巡抚李秉衡：

本日下午四点钟到德国兵舰两艘（实为三艘），当即派员乘划往询，知仍为七月间奉总署谕令妥为接待之棣提督（东亚舰队司令迪德里希）来此游历，自应遵照前谕，妥为保护，惟此次并未奉有明文，合并奏闻。❷

王文韶和李秉衡对于总兵章高元的报告没有谕令回复。

❶《军机处寄山东巡抚李秉衡电旨》，青岛市档案馆、中国第一历史档案馆编：《胶州湾事件档案史料汇编》（上册），青岛：青岛出版社，2011 年，第 19 页。
❷（清）章高元：《章高元致天津督署和山东巡抚电》，青岛市档案馆，中国第一历史 档案馆编：《胶州湾事件档案史料汇编》（上册），青岛出版社。2011 年，第 163 页。

（一）11 月 14 日上午的军事行动

1897 年 11 月 14 日早 7 点。迪德里希率领东亚舰队 700 余名水兵的登陆部队实施了对青岛的军事占领，其余 400 名水兵留守舰上操炮和战备值班。

迪德里希《手记》原文记载：

> 在极好的天气、微微的东风和晴空之下，登陆（先头）部队登上了栈桥并布置在营房前的广场上，该处少数几个好奇观看的中国人还热心帮忙。

当迪德里希 7 点之后乘坐登陆艇登上陆地时，立刻安排先头登陆的士兵在青岛村后陡峭的山上（德占时期称为迪德里希山、今信号山，因山顶上曾经架设信号台而得名）架设信号台，这对于接下来可能发生战斗时，用来调遣整个登陆部队是十分重要的。因此，迪德里希为了尽快完成信号台的搭建，通过翻译雇用周围站着看热闹的中国工人搬运器材。每人的佣金是几个格罗申（德国面值 10 芬尼的硬币），于是，这些人便以极快的速度把旗杆和信号器运到了直到若干年后还作为主信号台使用的山顶上。迪德里希《手记》原文记载："这些人便快得简直让我们跟不上。"

8 点之后不久，享有伯爵头衔的信号官策佩林（Graf Zeppelin）就在山顶建立了一个信号台，它可与各阵地联系；迪德里希选择在信号台下面不远的一处位置坐镇指挥，这里易于与参谋部接近了解各路部队的情况，可以直接观察到各营地的占领

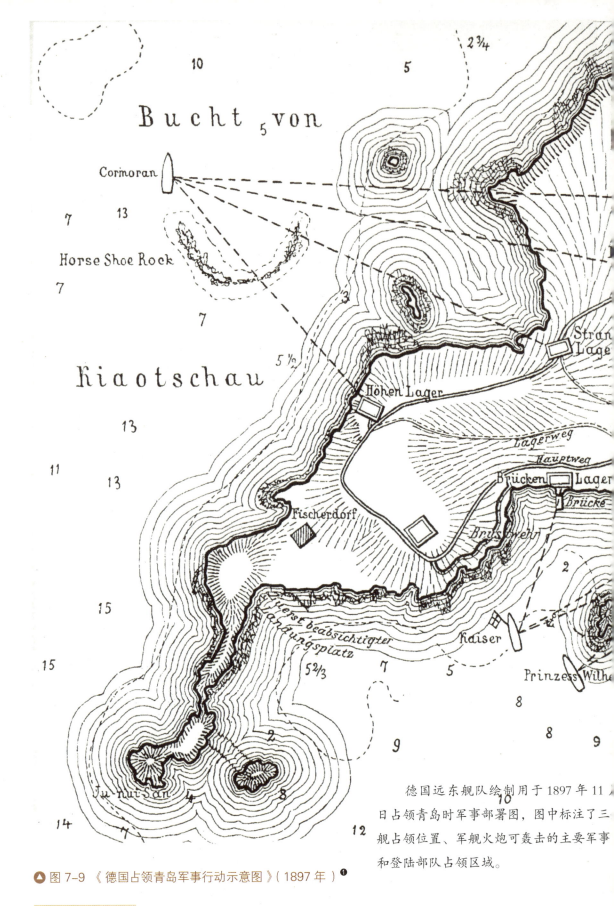

德国远东舰队绘制用于 1897 年 11
日占领青岛时军事部署图，图中标注了三
舰占领位置、军舰火炮可轰击的主要军事
和登陆部队占领区域。

🔺 图 7-9 《德国占领青岛军事行动示意图》(1897 年) ❶

❶ 青岛市档案馆编著：《图说老青岛》，青岛：青岛出版社，2016 年，第 110-111 页。

Dorf

Strandweg

Nordweg

Pulverhäuser

I.A.-Cormoran

Nubble Hill
490

475

Hauptweg nach
Kiaotschau

T

K.I. (I.Zug „Kaiser")

Gros der
gelandeten
Streitkräfte

T

Dorf

Ostlager

(Tsintau)

Dorf Chingtau-kau

Dorf

Artillerie Lager
(liegt geschützt gegen direktes
Feuer von den Schiffen)

Yamen Lager

I.A. Prinzess
Wilhelm

Dorf

Ostweg

9

7

8

7

10

9

20

10

0   500   1000   1500   2000 m

和军舰布防。迪德里希《手记》原文记载："中国老百姓很平静,丝毫未表示出往往使人厌烦的新奇。"当时居住在青岛村的居民近一半是清军官兵的家属,此时,对德军的到来在这些居民当中并没有引起骚动,他们没有料到这是一场蓄谋已久的战争,他们即将失去平静生活的家园,青岛将易手他人。

8点钟,"皇帝"号舰长兼东亚舰队参谋长蔡厄上校指挥着整个登陆部队在栈桥登陆,乐队演奏着"普鲁士进行曲",从桥头营地穿过下青岛村、上青岛村,带领各部队进入阵地。

同时,三艘军舰也已部署到位,从图7-9上可以清晰地看到,旗舰"皇帝号"号和"威廉亲王"号在小青岛锚地附近排开,轰击的目标是:面向前海青岛口的清军兵营、炮兵营、炮台、弹药库等多处目标;"柯莫兰"号则开进到胶州湾内靠近东岸的马蹄礁附近,轰击的目标是:清军在后海兵营、弹药库等目标,并派遣登陆小队占领清军在后海的兵营、弹药库等目标。这时的清军士兵在各营地前进行着操练。

迪德里希《手记》原文记载:

> 也许登陆开始时一位很快跑掉的警察(负责侦察的士兵)从桥头营地向总兵章高元做了有关事态的报告。是否他(章高元)相信这是一次善意的演习或者感到无力抵抗,将永远是个谜。面对早在我们从上海启航时就已经沸沸扬扬的传言,几乎使人难以置信,竟没有电报透消息给驻青岛的指挥官,而这位总兵的态度……似乎与这样一种看法配合得相当好。

迪德里希按照军事行动方案,在德军占领和控制所有清军兵营和弹药库位置并切断总兵衙门的电报线路后,要求衙门中的总兵章高元将其部队撤离和退出青岛驻防。迪德里希派遣副官海军上尉封·阿蒙前往衙门向总兵章高元送达要求其立即退兵并交出胶州湾驻防的最后通牒。虽然中国素有"两国交兵不斩来使"的传统,但还是安排了一个排的登陆士兵随行以保护他,以防不测。

当阿蒙带领着一个排的登陆士兵到达清军衙门前的广场上时,发现总兵章高元正在检查清军士兵操练,清军士兵向德军士兵行持枪礼,然后开入毗邻衙门的营房中。总兵章高元在迎接阿蒙后,还请阿蒙转告东亚舰队司令迪德里希,是否可以应邀参加第二天为迪德里希举行的宴会。阿蒙回答说："请您稍候，舰队司令迪德里希先生会立即发给您一封回函。"因为德军登陆部队占领并控制清军各处要害尚需要一些时间，所以阿蒙在总兵章高元面前的处境很难。阿蒙在 8 点 15 分发信号询问迪德里希，是否允许他转交总兵章高元这封信。但是，迪德里希在这个时候通过信号仅收到了"柯莫兰"号的登陆小队占领弹药库的消息；再晚一点的时候，才收到其他各登陆部队占领其余预定目标，特别是应能控制炮兵营地连同营地内大炮的信号；而且，迪德里希在 8 点 45 分才收到切断总兵衙门电报线路的信号，这样总兵章高元已无法通过电报迅速向上司报告青岛的情势。迪德里希认为，在总兵章高元不能及时收到电天津督署、山东巡抚是否与德军开战的谕令，而且因害怕担负责任而不敢贸然行事的情况下，已完全控制了总兵章高元。

🔺 图 7-10 清军衙门前广场，可见德军列队训练 ❶

---

❶ 阎立津编著：《青岛图像志：卷一·建置初期》，青岛：青岛出版社，2023 年，第 456 页。

▲ 图 7-11　章高元炮兵营 14 门 70 年代初制造的 80 毫米克虏伯大炮被德军悉数缴获 ❶

　　8 点 35 分，封·阿蒙把以中文写成的最后通牒，以及给当地老百姓的告示等函件交给了总兵章高元。通牒主要要求：清兵必须在 3 小时内撤离各处兵营至女姑口、崂山以外，48 小时内退清为限，即退出胶州湾驻防地区。

　　阿蒙通过皇家翻译克莱普斯告诉章高元，对于此通牒的要求，东亚舰队司令在信号山等待答复。总兵章高元在收到通牒函件时表现出震惊的脸色，原来德国人"借地操练"是假，"武力占领"是真，"打了"章高元一个措手不及。章高元顿感大事不妙，立即召集随从退入衙门内商讨对应之策。这时，迪德里希收到封·阿蒙完成任务的报告，并和陆战队员一起撤回到炮兵营房的阵地上。

　　迪德里希派遣陆战队的巡逻部队把给老百姓的布告张贴到青岛村中显眼的地方，几个好奇的老百姓围拢在布告前看布告内容，他们神情错愕，他们面临的可能会是一场生死攸关的战争，因此，大部分居民很害怕，躲在他们的家中不敢露面。布告以中国文体行文，初定德军占领范围，安抚、迷惑和胁迫占领区百姓。

　　迪德里希《手记》原文中记载的德军中文布告：

　　　大德国东洋舰队司令长官（迪德里希）为出示晓谕事：照得本大臣（迪德里希）奉本国大皇帝（德皇威廉二世）谕旨，领兵登陆，收并胶

---

❶ 阎立津编著：《青岛图像志：卷一·建置初期》，青岛：青岛出版社，2023 年，第 444 页。

州湾一带及海岸附近群岛等地全行占领，钦遵照办。特将所占应守备之地域境界，开列于左：

一、（西方一线，）自（胶州湾西海岸）东山起（向西）至（距离）胶州湾涨潮时水面（潮平）十八里之处（最西点），由此折北至大坡屯子税卡，由此至岸上胶州（河）、大沽（河）二河汇流处东。

二、（北方一线，）由此汇流至劳（崂）山湾中央之处。

三、东方一线，由北方至劳（崂）山湾中央，自此而南，由关帝庙岛岸以至炸（乍）连岛等处（按：劳（崂）山湾虽曰小湾亦华船出入繁盛之要津也）。

四、南方一线，由炸（乍）连岛至笛罗山岛南端，北至与海岸西界相连之处，以上所载界内皆归大德帝国所占领据守。

查此次山东省谋杀教士一案，德国应请中国为之昭雪，故特将上载为质，为此出示晓谕青岛口等处地方各色商民人等知悉。自示之后，其各安分营生，毋得轻听匪徒谣言煽惑。中德素敦睦谊，当前年（1895年）中日失和交战（甲午战争）之际，我德实尽力为中国救援（德国参与的三国干涉还辽），足以明交好之心。此次我兵队虽经上陆，必不与中国为仇，尔等毋得猜疑避忌。本大臣并命官员保护尔等良民，使各得安堵无事。倘有匪徒敢滋事端，立即按照中国律例，从严究办；倘对德人行凶加害，则照德国军法严惩，决不宽恕。本提督大臣（东亚舰队司令迪德里希）再三敦劝尔等务宜凛遵，凡对德人不得抗拒，倘自不量力，故意抗违，尔等不独无益，反以招祸。至若德国占领地域之内，中国各厅署一切华官，应照旧奉职守分，勤慎从公。从此以后，如有华民控诉事件，应一概禀经德国巡抚批准，不得擅自接受，其各凛遵毋违，切切特示。

大德国一千八百九十七年十一月十五日

大清国光绪二十三年十月二十一日

从迪德里希张贴的布告内容和时间可以看出：一是德军宣布占领的区域与1898年3月6日清政府与德国签订的《胶澳租借条约》第一端第三款的内容，除了"胶澳周边一百中国里界址"一条外的其他所划定租借地范围基本一致，而且对占领区的地名、岛屿以及范围标注的详细清楚，说明德国在此之前是做了周密的占领规划；与李希霍芬，尤其是梯尔庇茨、弗朗裘斯等德国的地质地理学家、东亚舰队和工程专家的详细调查是分不开的，德国对胶州湾乃至山东的地质地理、环境、人文等亦是了如指掌。二是布告落款时间是"11月15日"，这点反映了11月11日晚上，迪德里希在"皇帝"号上最终确定告知青岛老百姓公告的文字和致清军总兵章高元的令其交出胶州湾驻防的通牒信函时，预计在占领青岛的行动中，会遭到清军抵抗而至少要推后一天张贴布告的原因。清军的毫无抵抗和占领青岛军事行动能够如此的顺利，使得在登陆占领2小时之内就将布告张贴出去，确实出乎迪德里希的预料。

这时，迪德里希在信号山上紧张地等待着各登陆部队武装占领清兵各处要害的消息，居高临下观察着局势的发展。

9点左右，三位清军骑兵来到信号山迪德里希处，送来了总兵章高元邀请迪德里希到衙门会谈的信函。迪德里希当即回绝，并认为："我不能听凭他人决定，与我所希望顺利占领青岛的军事行动是不能够进行口头谈判的。"当然，迪德里希的回绝，也不排除因害怕到总兵衙门后可能被扣押的事情发生。

送信的士兵回到衙门交差后，章高元意识到事态严重，迅速拟电，将德军占领青岛各要害处、责令限期退兵以及如何处理这个紧急军情上报。这时电报线路已被德军切断，只好火速派人到胶州电报局致直隶总督王文韶和山东巡抚李秉衡：

> 急。天津钦宪、济南大帅钧鉴：二十日早七钟时，德国棣提督（迪德里希）借巨野仇教一案，率领德兵纷纷上岸分布各山头。后送来照会，内开：胶州一地，限三点钟，将驻防兵勇全行退出女姑口、劳山以外，只允带大炮一事，其余军火炮位，概不准带，以四十八句钟退清为限，过此即当敌军办理等语。高元当以未奉本国公文，容即转电请示，口头答复。查棣提督兵轮，暂驻口外，历奉公文接待保护，现在事变仓猝，我军兵单，究应如何办理？请速电遵行。事机急迫，盼切祷切。❶

---

❶（清）章高元：《章高元致天津督署和山东巡抚电》，青岛市档案馆、中国第一历史档案馆编：《胶州湾事件档案史料汇编》（上册），青岛：青岛出版社，2011年，第163页。

🔺 图 7-12　德国漫画明信片"德国军舰来了",嘲讽清政府官员、军队的
腐败无能 ❶

10 点左右,总兵章高元由几位随从陪同骑马来到信号山,亲自与迪德里希进行当面交涉,章高元一行到达时受到了"礼貌"的接待。

总兵章高元通过翻译详述了对德军的要求:目的首先在于说服迪德里希暂时放弃占领青岛的军事行动;对迪德里希立即实施德国皇帝命令的必要性、合理合法性提出异议;并且要推迟清军腾出营房并提出了一个较长的期限,理由是清军官兵大部分已在此驻扎多年,连同部分官兵家眷、家用器具不可能很快搬出。章高元以非常无奈的表情表示,他如果不战而退,将会为此丢掉脑袋,直到他收到光绪皇帝谕旨或者天津督署、山东巡抚的谕令而行。

章高元在没有得到或战或撤命令的情况下不敢贸然行事,欲采取拖延的战术,希望为此得到迪德里希的让步。迪德里希认为,他要以德国的利益至上,德国多年想要清政府出让一个舰队基地的外交努力失败和"巨野教案"的发生,必须得到赔偿;清政府对待德国与英国、俄国、法国等相比受到不一样的对待,尤其是清政府因鸦片战争失败割让香港给英国,"三国干涉还辽"事件中德国没有捞到任何利益等,他觉得德国蒙羞了。因此,迪德里希恃强凌弱的霸凌心理占了上风,

❶ 阎立津编著:《青岛图像志:卷一・建置初期》,青岛:青岛出版社,2023 年,第 433 页。

强硬地拒绝了章高元的所有谈判要求。

　　迪德里希眼见登陆部队掌控了占领的局面，清军大势已去，但是，为了增加顺利占领青岛的筹码，迪德里希还是假惺惺地试着安慰章高元并向他建议：在德军的保护下留在青岛，允许保留一个20人的卫队。实则是想将章高元作为人质扣留，以利于德军行动。迪德里希对章高元的"拖延战术"提出了一个令其不能再辩驳的办法，就是清军士兵那些不能立即随身带走的储存物和私人物品可以由章高元代为保管。总兵章高元经过几番努力交涉，感到不可能从迪德里希这里得到什么想要的结果，便与其随从离开回到衙门。翻译克莱普斯和礼和洋行的商人施米特告诉迪德里希，总兵章高元将会服毒自尽，以逃避丢掉青岛的责任追究。

图左横卧海中的码头是清军建设的"铁码头"，即今栈桥，东亚舰队登陆部队从此处登陆占领青岛；在岸边与铁码头相接处为清军水雷营；海岸边大型建筑组群分别为清总兵衙门、天后宫（有两根旗杆的院落）、下青岛村；图右山坡上的村落即上青岛村；远处连绵的三座较大的圆顶山丘自左至右分别是如今的观海山、观象山和信号山。

章高元虽然据理力争要求德军放弃占领青岛的行动，并且决心要留在青岛与德军周旋，但是，迪德里希态度坚决，德国多年的谋划"借此良机"怎会轻易放弃，成败在此一举。

总兵章高元回到衙门后立即将当时情形及其打算拟就电文，又迅速派人到胶州电报局致电天津督署和山东巡抚：

> 急。天津钦宪、济南大帅钧鉴：今早德兵突然上岸，已密电禀陈。讵德兵登岸后，立即分驻各要隘，并挖沟架炮，密密布置。顷刻，该提督又逼退军，不容稍缓。高元亲往面见该提督。剀切告知，未奉本国公文，碍难擅离，反复争辩，伊坚执不允；并声称下午三点钟，率队进营各等情。元欲战恐开兵端，欲退恐忝职守，再四思维，惟有暂将队伍拔出青岛，于附近青岛山后四方村一带扼要整军据守，以免彼此军队见面，

🔻 图7-13 1897年11月14日德军占领青岛后，即从今金口路一带高处拍摄的青岛口概貌❶

❶ 刘云志主编：《百年中山路：青岛中山路及其周边旧影（1898—1949）》，济南：山东画报出版社，2024年，辅文插图。

滋生事端，转贻德人口实。元仍驻青岛，听候明谕，飞速至盼。❶

⬥ 图 7-14　德国发行的明信片"胶州湾告急"❷

（二）德占青岛最初几天清谕旨、电令及军情往来报告综述与分析

据《胶州湾事件档案史料汇编》（上册）所辑史料所载，对于章高元以上两封急电的回电指令，11 月 15 日至 20 日，章高元分别接到天津督署和山东巡抚电令、光绪帝的谕旨和李鸿章的密报，对总兵章高元本人及其所辖部队是退兵、是固守待援、还是开战的行动分别做了有所不同的部署，还有山东巡抚对章高元弹劾等；以及章高元关于青岛的紧急军情报告。在此引述最初几天往来的部分电文并作简析。

11 月 15 日，章高元首先接到天津督署王文韶接连发来的两道电令：

　　急急。青岛章镇台急电悉。已电奏请旨。此事无理可讲，势难开仗，只好相机办理，后奉旨再达。❸

❶ （清）章高元：《章高元致天津督署和山东巡抚电》，青岛市档案馆、中国第一历史档案馆编：《胶州湾事件档案史料汇编》（上册），青岛：青岛出版社，2011 年，第 163-164 页。

❷ 阎立津编著：《青岛图像志·卷一·建置初期》，青岛：青岛出版社，2023 年，第 435 页。

❸ （清）王文韶：《天津督署王文韶来电》，青岛市档案馆、中国第一历史档案馆编：《胶州湾事件档案史料汇编》（上册），青岛：青岛出版社，2011 年，第 164 页。

> 急。青岛章镇台：队伍暂驻青岛附近扼要据守。目前只好如此，已电奏。❶

11 月 15 日，章高元也接到山东巡抚李秉衡接连发来的两道电令：

> 章军门鉴：哿电敬悉。德棣提督借端寻衅，断费口舌所能了，尊处四营务须坚谕勿动。弟已电奏请旨，拟调夏庚堂统领所部各营开拔赴胶；并电万荣齐［斋］就曹州赶募五营，以厚兵力。❷

> 急。青岛章军门鉴：电悉，复电叙明已电奏请旨，计已达览。德既挖沟架炮，构衅已成，非力战不可，贵军暂退四方村据守请战甚是。刻又电奏，候旨到，即行电达。❸

从天津督署和山东巡抚的电文内容可以看出，王文韶电令较温和，知道与德国人无理可讲，同意先行退兵至青岛附近据守的策略，令章高元"相机办理"，给了章高元相当的自决权。而李秉衡则很强硬，第一道电令主张调兵遣将与德国人决战，令章高元所辖四营不要撤退，务须坚守营盘等待援军；第二道电令可能是受天津督署电令影响，虽然同意章高元退兵四方村附近，还是要求"据守请战"，但是，章高元所辖四营此时已无固守待援和自我抵抗的能力。

11 月 15 日，章高元在接到天津督署和山东巡抚的电令后即复电称：

> 二十一日，德兵二百余名至四方村驻军处所，声势汹汹，逼令再退，侮辱已甚，万难再忍。惟念未奉明文，恐兵端自我开，有干办理不善之咎，只得坚忍固守……又我军上月仅领半月子药，除常操已用外，子药均已告罄。恐一经开仗战具难恃……

> 德人登岸陆地已有援应，以大小轮运兵随地均可登陆，非集厚兵力不足以资防御……现德兵轮口门内三艘，续来一艘，约兵二三千人。又探闻崂山前泊四艘……❹

---

❶（清）王文韶：《天津督署王文韶来电》，青岛市档案馆、中国第一历史档案馆编：《胶州湾事件档案史料汇编》（上册），青岛：青岛出版社，2011 年，第 165 页。

❷（清）李秉衡：《山东巡抚李秉衡来电》，青岛市档案馆、中国第一历史档案馆编：《胶州湾事件档案史料汇编》（上册），青岛：青岛出版社，2011 年，第 164 页。

❸（清）李秉衡：《山东巡抚李秉衡来电》，青岛市档案馆、中国第一历史档案馆编：《胶州湾事件档案史料汇编》（上册），青岛：青岛出版社，2011 年，第 164–165 页。

❹（清）章高元：《章高元致天津督署和山东巡抚电》，青岛市档案馆、中国第一历史档案馆编：《胶州湾事件档案史料汇编》（上册），青岛：青岛出版社，2011 年，第 165 页。

此时，还在青岛的章高元称：德军气势汹汹、步步紧逼、不断增加兵船作为支援；清军官兵忍辱负重，义愤填膺，"子药均已告罄"，到了"弹尽援绝"的境地，只得坚韧固守。章高元又担心没有接到命令而擅开兵端，恐怕难辞其咎；而且，即使开仗也难以自持。章高元上报的德军人数、舰船数量与实际存在较大差异。其时，东亚舰队共三艘军舰在青岛，总兵力只有1 100余人，并没有"约兵二三千人"之实，且也不存在德军舰续来一艘和崂山前停泊四艘的事实，15日"续来一艘"只是德国"龙门（Longmoon）"号货轮带着另两位中文翻译（中国人）、几匹乘马和用于首批设施的器材到达青岛。章高元在此虚报德军舰船兵力，夸大据守防御的艰难程度，其"虚张声势"可能是为了防备日后可能一再退兵之事，将来受到朝廷各方责难而寻找借口。

11月16日，天津督署王文韶奉光绪帝旨意发给章高元的电旨：

> 急急。青岛章镇台览：本日电旨：胶澳一事据王（文韶）、李（秉衡）先后电奏，已悉。德图占海口，蓄谋已久。此时特借巨野一案而起，度其情势，万无遽行开仗之理。惟有镇静严扎，任其恐吓，不为所动，断不可先行开炮，致衅自我启。李秉衡所请添调招募各营，均著照办，等因。钦此。合亟电知，务希钦尊，相机办理。此后情形，仍随时电闻，切切。❶

清光绪帝审时度势，对于青岛的失守，并没有降罪于章高元，认为这是德国人蓄谋已久的结果，并且分析了德国人不会急于开战的情势；令其镇静严扎，可理解为对王文韶所奏请"队伍暂驻青岛附近（四方村附近）扼要据守"的许可。叮嘱章高元不可先行开炮；并授予其"相机办理"的自决权。

11月16日，在德军规定的清军48小时内退出青岛时限已到，章高元殿后离开青岛，并在接到天津督署转奉电旨后，将当天被逼从四方村退至沧口的紧急军情致电天津督署和山东巡抚：

> 天津钦宪、济南大帅钧鉴：元在岛内本日酉刻接到宪电，转奉电旨等因，钦此。元谨遵照办理。德兵逼迫益急，不稍退让即将决裂。全军忍辱，力顾大局，移向四方村以东十余里沧口附近地方严扎，以免衅自

---

❶（清）王文韶：《天津督署王文韶来电》，青岛市档案馆、中国第一历史档案馆编：《胶州湾事件档案史料汇编》（上册），青岛：青岛出版社，2011年，第165页。

我开。同时，接到东抚电，内有请战之议，恐德人与电线内暗通消息，元护军仅数十人，倘起意拘留，恐遗误戎机，亟应设谋离岛，以备战事，兼顾后路大局。适值德人报称伊之巡官与我军炮队口角，元随乘机声称亲赴弹压，与戌刻随带亲兵赶至营内整顿队伍，借重防守。青岛电线已为德人所据，只可由胶通电，合并声明。❶

章高元根据青岛局势、天津督署的指令和光绪帝旨意，将其部队撤往四方村一带扼要整军据守，后又因德军紧逼驱赶被迫退往沧口严扎，这远没达到迪德里希要求的退至女姑口、崂山以外的目标。章高元设计（借口压制被驱赶而群情激奋的各营官兵）于16日晚上8点左右离开青岛，逃离迪德里希的扣押回到所部位于沧口的营帐，并强调被逼无奈又一次退兵，虽是知难而退，也是为了顾全大局，"以免衅自我开"。但是，退兵至沧口并没有先行上报请示，这是因为其手握"相机办理"的自决权，是在"奉电旨，谨遵照办理"。

11月17日，章高元接到山东巡抚李秉衡来电：

胶州章军门鉴：奉电旨，添调招募各营均着照办，并须任其恐吓不为之动。足下务须整顿严扎以待，倘再退步，有干职守。❷

山东巡抚李秉衡令章高元任凭德国人恐吓而不为所动，必须扎住阵脚等待援军，对章高元再次退兵至沧口极为不满，认为其没能恪尽职守。倘若再退兵就是渎职，将会受到严厉处罚。

11月17日，章高元接到中堂李鸿章来电：

胶州镇台鉴：汝不可轻离青岛地方，李抚已严劾，须查探德人举动。密报。❸

因章高元曾是李鸿章麾下得力干将，又有同乡之谊，自然私交甚密。所以在山东巡抚李秉衡严厉弹劾章高元再次退兵时，李鸿章迅速将这一情况电示章高元，同时授意其不要轻易离开青岛，探查德军的动向并秘密报告。这也反映出在后面

---

❶（清）章高元：《章高元致天津督署和山东巡抚电》，青岛市档案馆、中国第一历史档案馆编：《胶州湾事件档案史料汇编》（上册），青岛：青岛出版社，2011年，第165页。
❷（清）章高元：《章高元致天津督署和山东巡抚电》，青岛市档案馆、中国第一历史 档案馆编：《胶州湾事件档案史料汇编》（上册），青岛：青岛出版社，2011年，第166页。
❸（清）李鸿章：《北京中堂李鸿章来电》，青岛市档案馆、中国第一历史档案馆编：《胶州湾事件档案史料汇编》（上册），青岛：青岛出版社，2011年，第171页。

的 11 月 19 日一早，德军蔡厄上校所带领至多 300 名士兵，为什么能在清军位于沧口集中地的近 1 500 名清军营帐之中轻易挟持章高元及其约 50 人的随从到青岛口，原因之一是章高元得到李鸿章所授机宜，于是借德军将其挟持之机而"不轻离青岛"，以免于日后被严苛追责。于是，11 月 18 日在回复李鸿章电示的报告中称："元自应谨遵"。

反观山东巡抚李秉衡缺乏对政治局势的敏锐洞察，且"奉旨不达"。光绪帝在 1897 年 11 月 10 日专门给李秉衡的圣旨中指出："……岂悬赏通缉所能了事？……现在德方图借海口，此等事适足为借口之资，恐生他衅。"❶李秉衡没有将这一积极防御的旨意向所辖山东各海口守军传达贯彻和落实下去，致使章高元面对德军的到来茫然无知而防御松弛，着实让德军钻了空子。否则，章高元倘若最早实施"婴城固守，以图后援"的策略，或许德国的图谋会遭到有力回击，或者被瓦解和粉碎也不是没有可能。对此，李秉衡难辞其咎，应承担主要责任，反而认为章高元不战而退，严劾章高元。

章高元接到李鸿章来电所示后，于 11 月 18 日单独致电李秉衡解释其退兵至沧口的原因：

> 济南大帅钧鉴：辰刻接奉帅电。转奉电旨。承示整顿严扎，不准再退，等因。惟二十二日（11 月 16 日）被德兵二百余人势迫退军，将我军洋枪毁坏数十杆，全军愤怒已极，开衅即在眉睫。元力加镇定，万分无奈，始稍移严扎沧口附近，昨已电禀。现奉漾电，奈已移营，挽回无及。当此时势即无子药可恃，而横被逼勒，军气忠愤，未由宣泄。且青岛前后各山，德人设卡密搜，不移营则文报一字不通，此等情形，想邀鉴察，元特为时局所关，进退维谷。又奉北洋相机办理之示，元一身事轻，国家事重，殊恐激起兵端，获罪更巨，望赐原鉴。刻不遵示严扎。任令恐喝，一步不移，断不能先行开炮，自我启衅。均传饬各营官严加约束，俟奉开仗明文，立即向前，绝无畏惧。又驻军处所，距胶一百余里，已酌派勇丁，轮流传递电信，飞报敌人情形，以期迅速。今晨有德兵三四千人由沧口北至女姑口查看地势，节节画图后，又张贴告示，意

❶《军机处寄山东巡抚李秉衡电旨》，青岛市档案馆、中国第一历史档案馆编：《胶州湾事件档案史料汇编》（上册），青岛：青岛出版社，2011 年，第 19 页。

图霸占各口关卡，回时由营路过，恐喝异常。元亲自约束，幸无滋事，至暮方去。又有德轮一只开赴营岛上岸阅视，并登轮在澳内游弋。

又青岛坐探报，二十三日（11月17日）午前，又来兵轮一艘，下兵数百人，合并电闻。并望大帅（巡抚李秉衡）随时指示机宜为祷。高元谨禀。❶

章高元11月18日致电李秉衡的这一报告，从行文内容看可谓不卑不亢，没有表现出负罪和诚惶诚恐的样子。章高元主要强调敌强我弱，以及"断不可先行开炮，致衅自我启"的御令在先等客观原因；又告诉李秉衡其手握"相机办理"的圣旨，可根据青岛的军事形势自我裁处。章高元称，面对德军恐吓、毁坏枪支等威逼行动，全军愤怒已极，开仗迫在眉睫，无奈之下被迫退至沧口，其力加镇定，令各营军官严加约束士兵，避免了衅自我启的情况发生，不然获罪更巨；并且，德军设卡搜查严密，如果不退兵，就是一个字的报告也难以通报，真是插翅难飞。在李秉衡"不准再退"的命令之下，清军弹药已尽，已无供给与德军开仗抗衡之用，此局势所困之下，章高元进退维谷。但是，他表示将舍身为国，如果接到开仗明文，决心率领将士立即向前，绝无畏惧。报告最后希望巡抚李秉衡能随时给予指示和提供良策，反将其一军。

章高元在报告中还提到："今晨有德兵三四千人由沧口北至女姑口查看地势"，再次夸大虚报了德军兵力。截至11月18日，东亚舰队除了上岸的700余名舰队官兵外，只有11月15日上午，德国"龙门"号货轮带着另两位中文翻译（中国人）、几匹乘马和用于首批设施的器材到达青岛；再11月17日下午1时，"阿尔柯纳"号结束在上海的维修到达青岛加入战斗序列，舰员配额268人。因此，此时东亚舰队登陆士兵总人数不足1 000人，根本没有三四千人之说。并且根据《手记》记载，11月17日，迪德里希派出了"柯莫兰"号和"威廉亲王"号，到胶州湾沿岸张贴布告；11月18日，迪德里希亲自带领"柯莫兰"号和"阿尔柯纳"号两艘军舰进到胶州湾内部和女姑口、沧口进行调查；每次行动估计不足400人。章高元再次对德军兵力夸大其词，以示其守土艰难和无奈退兵之由。同日，章高元将内容大致相同的报告分别致电天津督署王文韶和北京中堂李鸿章。

---

❶（清）章高元：《章高元致山东巡抚电》，青岛市档案馆、中国第一历史 档案馆编：《胶州湾事件档案史料汇编》（上册），青岛：青岛出版社，2011年，第166-167页。

11月19日，章高元接李鸿章来电：

> 胶州章镇台：德船究共几只，有续到否？须密探动静，详报。汝断不可远走，速复。❶

11月20日，李鸿章已知章高元被德军拘押，再次给章高元行营发来电令，由行营密转章高元：

> 胶州章镇行营：敬电悉。李抚迭参汝退缩，内意不肯开衅，故置不议。德欲久据胶澳，棣提督必不遽退。俄拟派水师提督带兵船赴胶，到时往见，如何议论即报闻。❷

李鸿章11月19日、20日的来电之意在此叮嘱章高元，一定不能再往远处撤退，其已被李秉衡屡次参劾，但是，朝廷内部的意见还是不能与德国人开仗，因此，李秉衡参劾章高元的奏章被搁置。并且按照章高元在后来被德军拘押期间的报告自称："元思身在危地，业已数日，元时与争辩，执意不屈，伊（迪德里希）亦未敢加害。总之，但能维持大局，即捐躯亦所不恤"❸的抗争之后，李秉衡也对其改变了态度称："具见足下苦心，钦佩。"❹

（三）东亚舰队占领青岛当天行动续述

11月14日上午10点30分左右，从总兵衙门再次来了一位清军军官和随从拜见迪德里希时，德国人纷纷猜测，这可能会带来总兵章高元殉亡的消息。其实这位军官是来再次寻求迪德里希能够放弃通牒的要求，但是这位军官很快发现他的努力同样没有结果。跟随清军军官来的一位担任翻译略懂英文且并非军人的中国报务员，当他转身告别时，迪德里希想道：总兵衙门内的电报对德军向柏林报告情况很有用，德军尽管有自己的报务员，却不熟悉相邻台站的呼叫，也许不能使用它。因此，迪德里希让副官阿蒙试着通过用高额薪金诱使这位中国报务员为德军服务。经过几分钟商谈和威逼利诱后，阿蒙告诉迪德里希，这个人要求保证月

❶（清）李鸿章：《北京中堂李鸿章来电》，青岛市档案馆、中国第一历史档案馆编：《胶州湾事件档案史料汇编》（上册），青岛：青岛出版社，2011年，第171页。

❷（清）李鸿章：《北京中堂李鸿章来电》，青岛市档案馆、中国第一历史档案馆编：《胶州湾事件档案史料汇编》（上册），青岛：青岛出版社，2011年，第173页。

❸（清）章高元：《章高元致天津督署、北京李中堂和山东巡抚电》，青岛市档案馆、中国第一历史档案馆编：《胶州湾事件档案史料汇编》（上册），青岛：青岛出版社，2011年，第178页。

❹（清）李秉衡：《山东巡抚李秉衡来电》，青岛市档案馆、中国第一历史档案馆编：《胶州湾事件档案史料汇编》（上册），青岛：青岛出版社，2011年，第180页。

薪 30 块银圆留下来为德军服务。同时，迪德里希在信号山上也看到已经有清军士兵、妇女和孩子们打好包裹急急忙忙从营门出来。第三天（11 月 16 日），总兵章高元感到局势无法挽回，在德军规定的 48 小时内，所有下属官兵撤出青岛兵营后，作为殿后亦撤到沧口营帐。

▲ 图 7-15　东亚舰队占领青岛后水兵在总兵衙门照壁前留影

　　迪德里希在信号山上居高临下，在整个上午将多项命令通过信号发送给正占领各个清军兵营的德军登陆分队。

　　中午 12 点，德军把切断的电报线路恢复。迪德里希派遣一位懂电报业务的士官和一队警卫进驻总兵衙门，以监督中国报务员收发电报的情况。但同时对这位士官和警卫队下达了严格的命令：不得进入总兵衙门后面的住宅部分，因为该处尚住有总兵章高元及其家眷。迪德里希《手记》原文记载："我要保护这位我认为因此事激动且沮丧的总兵。后来我听说，他回到衙门，借酒浇愁。"迪德里希表面上说的"情真意切"，其实这么做是为了巩固刚刚完成的、还不稳定的占领成果，因为撤离兵营的清军士兵就在青岛以北不远处的四方村一带扎营集结，不想进一步惹怒总兵章高元，以免节外生枝，尽可能减少不必要的事端发生。

　　稍后，迪德里希带领随从和卫队也来到总兵衙门，以监督命令的实施和等待着占领营房、炮台等各处要害的消息。迪德里希想到要为自己和登陆部队安排住处，安排士兵开始清除原清军官兵住房里非常多臭味刺鼻的垃圾。

据总兵章高元讲，炮兵营房中的弹药还相当多，但是保存状况与疏于维护的14门80毫米克虏伯野战大炮相似。

下午2点之后不久，迪德里希命令占领清军炮兵营地和东大营的德军登陆部队士兵在东大营中集合。迪德里希发表了耀武扬威的讲话。迪德里希《手记》原文记载：

> 我希望，德国的统治和文化将会在这里找到一个落脚地，德国旗帜
> 被升起。并由"威廉亲王"号巡洋舰鸣放了21响礼炮。

下午3点左右，迪德里希回到总兵衙门时，看到报务员在电报机旁工作。这时，信号正好又接通了，并收到了一份来自上海总领事馆的电报，这是一份相当长的密码电报。同时，报务员告诉迪德里希，来自芝罘领事馆的第二封电报也将到达。迪德里希读不出电报内容，因为密码簿在船上，但从以双重途径发来电报推断出必然有重要内容。为了尽快向海军总司令报告占领青岛的战果，迪德里希决定以明码发电：

▲ 图7-16　东亚舰队水兵乐队奏响德国国歌，庆祝占领青岛 ❶

---

❶ 阎立津编著：《青岛图像志：卷一·建置初期》，青岛：青岛出版社，2023年，第446页。

> 7 日的命令（威廉二世 7 日签署，8 日中午收到的"皇帝兼国王威廉"的命令）已执行。一切都平静。衙门中的这封电报在修好线路后立即发出。容回到船上后再做详细报告。

迪德里希率领东亚舰队在当天即完成控制总兵章高元、清军兵营、火炮、弹药库等要害处和基本占领青岛的目标。

迪德里希收到同样内容的这两份电报译码后是以下命令：

> 对至高无上的皇帝 7 日的命令稍做变动，将公告和占领中国地区推迟到中国对赔偿要求的答复到达和不令人满意止。在任何情况下，即使已经完成占领，在得到赔偿前，权且将其看作是抵押。不能行使主权。
>
> 告诉您本人以下情况：俄国政府已经补充提出了对胶州湾的优先权，就此尚在谈判中。

海军上将克斯特尔（Köster）

海军上将克斯特尔（代理海军总司令）发来的这个命令，使得迪德里希有些摸不着头脑，但还是立即回电报告了收到以上命令和 11 月 14 日占领青岛的情况，并针对以上命令做了补充报告："告示已公布，是占据，但非强占。不可能再收回。"驻东京和北京的公使馆同时收到了东亚舰队占领青岛的国内电报通知，并且已向沿中国海驻扎的外国海军司令以及香港总督发出了书面通知，并补充说，迄今有关利用胶州湾的有效规定，在没有新通知前依旧保持有效。这个"补充"说明，德国至此还没有正式对青岛宣示什么权利，目的在于先稳住英、俄、法、日、美等各国，以免这些国家从中作梗。

海军上将克斯特尔的命令在迪德里希及其同僚当中引起了动荡，一种自然产生的紧张和不安的气氛笼罩着他们。隐约感到可能是由于东亚舰队占领青岛的行动，引发了德国国内朝野一场激烈的纷争，以及在外交上面临着来自多方面的紧张对峙和压力。迪德里希此时想象着在德国国内，那些反对这次军事行动的人们，将会把迪德里希率领东亚舰队成功占领青岛的军事行动贬低到何种程度，不得而知。

直到 11 月 19 日，海军上将克斯特尔的又一封电报才打消了迪德里希心中的不安和疑虑。译出的这封电报说：

　　祝贺占领（青岛），提出（赔偿）要求很好。公告生效。"奥古斯塔皇后"号去了。补给品随后。

海军上将克斯特尔

▲ 图 7-17　德国人描绘的东亚舰队占领青岛的情景 ❶

---

❶ 阎立津编著：《青岛图像志：卷一·建置初期》，青岛：青岛出版社，2023 年，第 433 页。

四　各方纷争内幕

　　至此，在继续叙述迪德里希率领东亚舰队占领青岛军事行动过程之前，有必要先将德皇威廉二世对于如此广受国际国内关注的、可以改变国际局势的重大军事行动的"朝令夕改"，以及东亚舰队采用军事行动占领青岛一事引起德国国内海军部、外交部及政府高层之间、德国与俄国，以及西方国家之间纷争的史实情况做一个较长篇幅的介绍和研究分析。

　　海军顾问委员会首脑、海军上将封·森登－毕布兰（von Senden-Bibran）致迪德里希的信

我亲爱的迪德里希：

　　您此刻肯定沉浸于欢乐中，因为如原预期的，您的愿望已实现。我们只能把迅速地从俄国魔力中解脱出来归功于"皇帝"号巡洋舰的主动精神。在传教士被杀的消息上个星期六先通过新闻，然后由海靖的电报报告到柏林时，皇帝做出决定立即发电报给您。但帝国首相表示担心，而我也认为是有道理的，如果拿起今年8月与俄国（签订的）不利的条约的行文来读的话，肯定必须事先有一个与俄国政府的谅解命令给你。还在外交部几经踌躇后做出决定之前，皇帝已经打电报给圣彼得堡的沙皇。谢天谢地，没等很久便有了答复。星期天早晨询问发出，星期天下午答复就来了。当我将此答复拿给帝国首相时，那里依然是忧心忡忡，而在晚上10点，在我把巴兰顿（Barandon）和豪尔岑道夫（Holtzendorff）

召集来之后，皇帝的电报方得以发给您。经我评价后您大概才可动用
"依雷妮"号和"柯莫兰"号舰，以便以整个分舰队出征。一接到您向
胶州湾开拔的消息，这里便可召集作为占领胶州湾或替换该处您的人员
的守卫部队的人员。皇帝昨天乘车到西里西亚去了，并在该处停留整整
一周。我们急切地等待着您的成功；坦率地说，您进军会成功，这里不
存在如他想到的担心，相反这主要取决于，我们不会与俄国造成麻烦。
外交部也不担心，但他们在该处承担的任务可能比军方承担得少。我们
自然不会再离开胶州湾，但即使一切都很幸运，在把这些弦进一步绷紧
之前，大概也需要很长时间，这些线将拴在经济上得以充分利用的胶州
湾（及沿岸地区）。

　　——接着是一些人员方面的问题，而且还有：

　　我们的《舰队法》正处于从联邦参议院到帝国国会的过程中，由于
梯尔庇茨的勤奋迄今得以很好地渡过难关。即使是在政府内部也曾有人
试图把签署这一法律拖到下年。舰只情况根据法律草案，包括 17 艘主力
舰、8 艘海岸装甲舰、9 艘大型巡洋舰和 26 艘小型巡洋舰，这些舰只已
处于可使用状态；而且还有 2 艘主力舰、3 艘大型和 4 艘小型巡洋舰作
储备。法律草案不考虑鱼雷艇、教练舰、特种舰和炮艇数量的规定。在
1898 年 4 月 1 日前已有的和正在建造的舰只中，包括目前的额定数量在
内，共有 12 艘主力军舰、8 艘海岸装甲舰、10 艘大型巡洋舰和 23 艘小
型巡洋舰。为满足额定量所需的新造舰，至迟必须到 1901/02 预算年末方
可动工建造。服现役的编队应该有 9 艘主力舰、2 艘大型巡洋舰和 6 艘小
型巡洋舰；后备编队有 4 艘主力舰、4 艘海岸装甲舰、2 艘大型巡洋舰和
5 艘小型巡洋舰。

　　1898 年 4 月 1 日的主力军舰包括 4 艘"布兰登堡"级、5 艘"萨克森"
级、3 艘"裴迪南皇帝"级巡洋舰（共 12 艘）。

　　大型巡洋舰计有"威廉国王"号、"皇帝"号、"德国"号、"奥古
斯塔皇后"号和 6 艘建造中的"维多利亚·路易丝"级和"俾斯麦侯爵"
级巡洋舰（共计 10 艘）。

　　小型巡洋舰计有"依雷妮"号，"威廉亲王"号，"格菲欧"号，

"阿尔柯纳"号,"亚历山大利亚"号,8 艘"柯莫兰"级巡洋舰:"怪兽"号、"闪电"号、"箭"号、"守卫"号、"狩猎"号、"流星"号、"齐腾"号、"彗星"号,"赫拉"号,以及"G"级巡洋舰(共 23 艘)。

需要新建的有 7 艘主力舰、2 艘大型巡洋舰和 7 艘小型巡洋舰。

应把补充建造的军舰调整到 1904/05 预算年,即 4 艘"萨克森"级巡洋舰、3 艘大型巡洋舰("威廉国王"号、"皇帝"号、"德国"号)、10 艘小型巡洋舰("阿尔柯纳"号、"亚历山大利亚"号、"齐腾"号、"闪电"号、"怪兽"号、"守卫"号、"狩猎"号、"燕子"号、"花鹰"号、"箭"号)。因此,到 1904/05 年总共动工兴建 11 艘主力舰、5 艘大型和 17 艘小型巡洋舰。主力舰以"弗里德里希皇帝"号为样板;大型巡洋舰则为装甲巡洋舰,其排水量介于"俾斯麦侯爵"号和"维多利亚·路易丝"号,为 8 000 吨;小型巡洋舰取代"G"级巡洋舰排水量约为 3 000 吨。补充和新建(舰只)的预算的总债务每年为 6 000 万(马克),用于对目前 7 年则为 4.1 亿马克。用于主力舰只的达 2 000 万马克,大型巡洋舰的为 1 500 万马克,小型巡洋舰的为 460 万马克。军官增加有 6 名海军将军、14 名海军上校、47 名海军少校、62 名海军上尉、128 名海军少尉和 83 名士官,到 1904/05 年度总共比 1897/98 预算年多 340 名军官。我们希望有可能为每年调整的 100 ~ 200 名军校生增加预算。在同一时间,工程师由 102 名增加到 180 名,医生由 122 名增加到 195 名,会计从 88 名增加到 136 名,士兵人数则由 17 226 名增加到 25 276 名,就是说每年增加 1 100 人以上。见习水手拟从 600 人增加到 1 200 人。这将从 1897/98 预算年度的 1.175 亿的支出增加到 1904/05 年度的 1.5 亿马克。现在常年预算为 5 950 万马克,以后将达到 8 740 万马克。指望批准这项法律现在并非无望。幸亏新闻署努力在黑林根建立一个通讯社,由于梯尔庇茨到各德意志宫廷去游说,受到很好的接待,我们把许多对手都拉到我们一方来,只剩下这位好吵嚷的老法官和他的报纸。提出的军事基地 P.O. 使梯尔庇茨在国会的工作轻松些。这个中心不曾向我们倾斜,但我们要达到的,教会法却得不到。皇帝不会对新教教会让步。只有上帝与您和您的作为,我亲爱的好迪德里希,使您所有的计划成功,并且您

　　和您为之倾心的所有的任务和既定目标都能幸运达到。

　　多多衷心问候。

您的老森登

海军顾问委员会

1897 年 11 月 9 日于柏林弗斯大街 25 号

　　在迪德里希感到迷茫疲惫的时候，海军顾问委员会首脑、海军上将封·森登 – 毕布兰的书信给予了迪德里希极大鼓励和认可，无疑是一支强心剂，令其感到欣慰；同时，也可以从中窥见德国国内各方势力之间关于东亚舰队占领青岛和海军建设等方面的分歧和矛盾的些许端倪。

　　其一，德皇威廉二世得知在山东的传教士被杀消息后，下令给迪德里希立即占领胶州湾及沿岸地点和村庄，是不是前文提到的迪德里希于 11 月 3 日请求授权对"武昌事件"提出高额赔偿要求的电报询问，共同促使德皇威廉二世做出了这项占领青岛的决定，尚无定论。但是，从克斯特尔上将接连发来的两道命令可以看出，在这关键时刻，决断力较强的克斯特尔上将代理了因为生病而休假的帝国海军司令、上将封·科诺尔的职务，这被迪德里希称为"无论如何是一种偶然的幸运。"因为与德皇威廉二世相比，克诺尔上将缺少明确判断和坚定果敢的个人意志，很容易受到他人，哪怕是并不明确的观点影响和迷惑，从而做出不正确的选择。而且由于克诺尔上将暴躁的性格，在人们曲意奉承下会使最好的计划破产。迪德里希对克诺尔上将的负面评价是有原因的，也许与前面讲的"1896 年秋季的军事演习中与科诺尔海军上将在工作上产生了严重的意见分歧，因此他被调离了总司令部并被免去了参谋长职位"一事有直接关系。

　　其二，如前文提到的，德皇威廉二世在访问俄国时，因受到时任俄国驻北京的公使卡西尼的误导而承认了俄国对胶州湾的优先权，但是德国首相何伦洛熙公爵于 1897 年 8 月与俄国签订的条约却违背了德皇的意图。又如前文所提到的，迪德里希 1897 年 9—10 月带领东亚舰队航行到日本期间和于 10 月 31 日两次收到海军总司令的命令是一致的：只有在得到俄国的许可后，方可驶往胶州湾；在这之前，德国强行占领胶州湾是不适宜的。这是当时为什么德皇威廉二世在不得不与俄国达成的相互谅解情况下，而通过海军总司令向迪德里希下达这两个命令在前，而紧接着于 1897 年 11 月 8 日中午 12 点收到的"迅速占领胶州湾"的命令走在之后。在 1897 年 11 月 6 日（星期六），威廉二世通过新闻报道而后是公使海靖的报告得知"巨野教案"发生，德国外交部还在踌躇不决之际，德皇威廉二世当即于 11 月 7 日（星期天）的上午，就直接给俄沙皇尼古拉二世拍了电报称"欲占领胶州湾"，而下午沙皇模棱两可的答复就到了。沙皇电报原文："既不能赞成也不能不赞成你派遣德国舰队到胶州去，因为我近来才知道，这个海港仅在 1895—1896 年间暂时属于我们。"❶ 沙皇在当时情况下没有对德国占领胶州湾提出什么异议。

因担心沙皇受周围人干扰就此事反悔，海军上将封·森登－毕布兰立刻把这个答复发给德国首相，现在他的担心消除了。随后海军上将封·森登－毕布兰招来了总司令部的主管军官，起草了命令迪德里希"迅速占领胶州湾"的密码电文，这封电报于 11 月 7 日（星期日）晚上 10 点钟经德皇威廉二世签署并马上给迪德里希发出命令。

其三，由于，德皇威廉二世给俄沙皇尼古拉二世打的电报恰逢星期日，俄政府首脑机关各办公室不办公，使得沙皇无需征询各部顾问的意见而给予直接答复。迪德里希《手记》原文记载：

> 也许这对我们是一种幸运的情况，皇帝迅速地决断和海军顾问委员会首脑（海军上将封·森登－毕布兰）的加速实施是如何根本上确保了取得成功，这在后来发生的事件后便无需说明了。

11 月 8 日早晨，海军总司令把由威廉二世签署的命令转发给德国外交部和德国海军部国务秘书梯尔庇茨，并秘密附给梯尔庇茨一封信，说也许不再放弃对胶州湾的占领，因为如肯定已告知过他的一样，德皇威廉二世从俄沙皇尼古拉二世处得到了俄国放弃对这个胶州湾"优先停泊权"的许诺。

其四，关于东亚舰队司令迪德里希迅速且迫不及待地执行并基本完成德皇威廉二世下达的占领青岛命令，在占领青岛当天下午 3 点，如前文提到的又收到海军上将克斯特尔发来改变军事行动的命令：

> 对至高无上的皇帝 7 日的命令稍作变动——俄国政府已经补充提出了对胶州湾的优先权，就此尚在谈判中。

---

❶［德］威廉二世：《威廉二世谕帝国首相何伦洛熙公爵电 手稿》，青岛市档案馆、中国第一历史档案馆编：《胶州湾事件档案史料汇编》（下册），青岛：青岛出版社，2011 年，第 155 页。

迪德里希后来得知，德皇威廉二世的命令为何在短时间内又有了改变的原因。这在后来担任第二任胶澳总督、时任德国海军总司令部负责外国舰只活动的部门领导叶什克，在其笔记中记载有俄国外交部和接着是德国外交部，如何试图阻止这次已下达命令强行占领的军事行动的内幕。

叶什克的笔记

1897年11月9日晚上7点左右，我（叶什克）在海军顾问委员会首脑封·森登－毕布兰海军上将处用餐时，外交部法律顾问克莱默特（Klehmet）找到我并说：副国务秘书封·罗登汉（von Rotenhan）男爵让请求海军总司令，使东亚舰队司令在吴淞待命（暂停执行德皇7日下达的"迅速占领胶州湾"的命令），直到皇帝（威廉二世）下达新的命令。

他宣读了来自俄国外交部的以下电报。

1. "遵照陛下（沙皇）的命令，我（俄国外交大臣穆拉维耶夫）已打电话给我国（俄国）驻北京公使，德国（驻华）公使采取的步骤是达到惩罚支持和卷入杀害（德国传教士）的中国人的目的。同时我们（俄国）的太平洋舰队司令接到指示，面对德国东亚舰队驶入胶州（湾）的情况，将把我们（俄国）分舰队（太平洋舰队）的一部分派往该地（胶州湾），因为，自1895年以来，我们（俄国）对这个港口就有优先权。我们（俄国）非常希望，德国和中国间的这个事件（巨野教案）得到友好解决，并通过其他国家的调解化解。"

2. "我们（俄国政府）认为，中国政府的声明会使德国满意，从而避免（德国）派一支分舰队到胶州（湾）去。然而，如果是这种情况，不言而喻，我们（俄国）的军队去那里，就不是为了去参加（针对德国的）敌对行动，而是出于防止（俄国以外的）外国军队侵入被中国视为通商口岸的港口优先权的目的。"

我（叶什克）回答（克莱默特）说："我认为（德国）海军总司令不会给东亚舰队司令下达（在吴淞待命）命令，因为皇帝陛下（威廉二世）已经（11月7日）下达了（迅速占领胶州湾）这样一个命令，而且也只能由陛下取消或更改这个命令。"为证实我的看法，我另给封·森登－毕布兰海军上将打了电话，他与我意见一致。在我答应补上海军总司令的命令后，枢密顾问克莱默特告辞。因我未曾找到代理海军总司令克斯特尔阁下，因此，我9点左右到了外交部并告诉枢密顾问克莱默特，我对未给东亚舰队司令发过任何电报承担责任。

我把前已复述的（俄外交部）报文写下来，并借此知道，（德国）外交部要把俄国电报，加上以下说明意见发给陛下：

1. 应放弃占领（胶州湾），而另一地点：舟山群岛的长涂岛，则可无需任何预先告知占领；

2. 占领胶州的同时便向俄国说明，我们无意固守此地，只要得到中国方面的赔偿，就将放弃占领。

我（叶什克）于今天上午9点，将（克莱默特宣读的俄国外交部电报和德国外交部拟就的呈报威廉二世的报告等）整个过程报告给代理总司令（克斯特尔上将）并请示将以下电文发给皇帝陛下。

柏林1897年11月10日，国家电报，致皇帝陛下：

可以面对已变化的局势（沙皇尼古拉二世对德皇威廉二世承诺的"俄国放弃胶州湾优先权"一事反悔），向东亚舰队司令下达命令，以在吴淞集结的兵力和军舰立即驶往胶州湾，无需等待在香港的"依雷妮"号到达；而在胶州湾，在占领陆地阵地前等待这里（柏林）的命令。为保持我国（德国）在中国的声望，现在我们认为向胶州湾前进是正确的。

——海军总司令（克斯特尔上将）（上午9点50分发出报告）

11点左右，枢密顾问（克莱默特）来了并通知我（叶什克）：昨天晚上尚有一份来自我国（德国）驻彼得堡大使的电报，在此电报中解释了"优先权"这个词。俄国据此与中国在1895年签订了一个协定，通过这个协定俄国人被给予"优先权"。根据这封电报事态已经清楚，以致外交部无需把自己的观点电告皇帝，而只是请他（威廉二世）定夺。同时也把俄国的说法电告了帝国首相和外交部国务秘书（外交部长）毕洛。

a1（外国军舰部门负责人）叶什克（签字）

迪德里希从叶什克的笔记中得出以下结论。

1. 帝国首相封·何伦洛熙和外交部国务秘书（外交部长）封·毕洛不在柏林。处理业务的负责人除了副国务秘书封·罗登汉（von Rotenhan）外，只有枢密顾问霍尔施泰因（Holstein）。这个人在海军总司令部中通常被认为是胆小的。

2.在海军总司令部中，促进强占胶州湾是热心追求的主流。代理总司令克斯特尔绝对是持这种态度的。两年前，海军上校叶什克在他从中国回来后写的一份备忘录中，阐述了一个"温和派"的原则，即德国应当努力通过与中国建立良好的关系，从"道德"上来"征服"中国，并避免采取任何粗暴的军事步骤。但是，迪德里希现在从叶什克更有远见的态度中似乎可以看出，也如在其多方面的同事中常常可以看到的一样，他在其新的岗位上改变了自己原来的观点，他显然真诚努力地帮助东亚舰队达到占领胶州湾的目标。

3.可从俄国外交部的电报中可清楚地看出，如果德国只是向清政府提出公使海靖建议的赔偿要求（如前文提到的，11月9日，迪德里希与海靖在皇帝号上达成的一致意见），则清政府会立即同意，因为赔偿要求里没有提出对胶州湾的主张。并且德国海军总司令部必须考虑到各种各样的干扰，以及面对被柏林的官僚和驻北京的公使馆看作是德国的"热心助手"的俄国人的敌视。

因此，军事占领胶州湾的阻力首先来自德国外交部，它很可能会受到俄国外交部官员的误导。另一个原因，在德皇威廉二世和其他政府首脑不在柏林的情况下，有关方面也许很少有积极参与和协助这次军事行动兴致，因为这种"牵一发而动全身"的重大行动，必然会额外增加这些官吏很大的工作量，这是他们不情愿干的工作。

迪德里希认为，德国海军部国务秘书梯尔庇茨是否在最初几天反对占领胶州湾，在此不给定论，但其后来的作为便是证明。

由枢密顾问克莱默特表达的想法：不需要任何通报便可占领舟山群岛的长涂岛。这个想法很可能是从俄国方面得到的授意，并且表明德国外交部顾问对当时西方列强各自在中国的势力范围并不清楚，对尔后可能产生的利益纠葛毫无判断能力。因为，自中国明朝开始，英国就觊觎舟山群岛的地理优势。1840年的鸦片战争，英国有很明确的目标，第一个要清政府割让的就是舟山群岛而不是香港岛，并很快占领了舟山群岛。虽然《南京条约》割让的是香港岛而不是舟山群岛，但是英国向清政府提出，要保障英国在舟山群岛的商业利益，不能将舟山群岛割让给除英国以外的任何国家。所以，舟山群岛是英国势力范围，这样一种行动不容置疑地会把德国置于与英国的尖锐冲突中。如果德皇威廉二世和海军总司令部不接受克莱默特占领舟山群岛的建议，而外交部和克莱默特又竭力阻止对青岛的强占，那就只有相信，在这样的矛盾旋涡和持久拉锯纷争当中，确定在中国沿海占领一个港口，尤其是占领青岛的整个计划必然会泡汤。迪德里希《手记》原文记载："因为根据《英中条约》(《南京条约》)，长涂岛永不会为我们所有。"

根据前文提到的代理海军总司令克斯特尔上将 11 月 10 日上午 9 点 50 分签发的致德皇威廉二世的电报内容来看，克斯特尔上将是将威廉二世 11 月 7 日发出"迅速占领胶州湾"的命令与德国外交部"放弃占领胶州湾"的意见做了模糊的和折中的处理，也可以看作是对威廉二世命令的轻视。因此，在几乎不到两小时后，德皇威廉二世从格罗斯 – 施特雷里茨（Gross–Strehlitz，在上西里西亚）来了以下的回复电报，并明显带有愠怒的语气：

> 致柏林海军总司令（克斯特尔上将）：
>
> "我不理解询问和您的理由，因为，我在两天前已经电令毫不迟延针对胶州（湾）行动，不要为无益的查询丢掉宝贵的时间，立即执行我的命令并占领胶州湾，无需询问。威廉"。

因威廉二世表达了不满，代理海军总司令克斯特尔上将随后在直接报告中辩解说，询问已发出。因为德皇威廉二世 11 月 7 日发出第一道命令是"涉及整个东亚舰队"的，因此他担心，这"整个舰队"会使人认为要等待在上海船坞中的"阿尔柯纳"号结束维修和远在香港的"伊雷妮"号到达上海。

11 月 10 日，代理海军总司令克斯特尔上将也得到迪德里希发来的率领东亚舰队三艘军舰自上海吴淞口启航报告，这使他感到放心。迪德里希的报告说：

> 汉口（"武昌事件"）通过鸣礼炮得以顺利解决了。（11 月）9 日载着公使（海靖）的"柯莫兰"号离开（汉口，回上海）。"皇帝"号、"威廉亲王"号、"柯莫兰"号 10 日（驶离）上海电报站。"阿尔柯纳"号在修理，预期约需 14 天。何时可望有哪些和多大规模的补给。迪德里希（签字）。

这个报告是由迪德里希按规定的简明形式所做的有关各军舰到达和驶离的说明。因此，克斯特尔上将还在 11 月 10 日的同一天又向德皇威廉二世报告东亚舰队军事动态时说：

> 巡洋舰分舰队（东亚舰队）司令（迪德里希）刚才报告了他今天率

领巡洋舰"皇帝"号、"威廉亲王"号和"柯莫兰"号驶离吴淞……。

公使乘坐'柯莫兰'号于9日到达上海……

德国外交部和海军部都从代理海军总司令克斯特尔上将处得到了同样的报告。在此期间，他们继续竭尽全力要使威廉二世撤回或改变其命令。这一点可从以下：德国海军部国务秘书梯尔庇茨致代理海军总司令克斯特尔（Köster）上将的信、作为附件说明的德国首相何伦洛熙致威廉二世的报告以及威廉二世口头答复的书信中略窥一斑：

梯尔庇茨的信

德国海军部A6728，1897年11月12日于柏林

秘密/亲手递交

在附件中我荣幸地寄给阁下一封帝国首相先生致皇帝陛下的电报以及嗣后陛下的答复，请阅悉后尽可能快地归还。因此我受帝国首相委托最衷心地请求阁下，要尽可能快地使巡洋舰分舰队司令得到相应指示。同时，我最衷心地请求阁下，尽可能快地使我了解指示的原文和送达的时间。

梯尔庇茨（签字）

附件1：

致陛下，于库歇尔纳（Kuchelna）

在陛下对昨天的电报和在听取帝国海军部首脑的意见后的临时答复中，陛下在电报中说，目前已在驶往胶州湾途中的（东亚舰队）司令，如果中方的答复不令人满意，则可以实施其必要手段。

因此我相信，应该这样来领会陛下的意图：直到中方给予答复而且它不令人满意，方发布一文告并占领中国领土。我请求明示，是否要我通过总司令部来做这件事。如果此命令到达过晚而舰队司令已继续前行，则我请求许可向他传达指令，要他（东亚舰队司令）将其行动步骤安排成不致会为日后的外交谈判产生偏见。我始终认为外交谈判是无望的。

何伦洛熙（签字）

附件2：

从库歇尔纳致外交部的电报

陛下口谕，回答帝国首相先生今日之电报：同意。

迪德里希认为，也许是在威廉二世周围的外交部代表发给首相何伦洛熙的"口谕"电报。看来德国外交部在此次"内斗"中占了上风。

这就是前文提到的为什么迪德里希 11 月 14 日下午 3 点在已完成威廉二世的命令，基本占领青岛并布告后，又收到代理海军总司令克斯特尔上将更改军事行动命令的原因之一。

迪德里希推断，对于试图阻止军事占领青岛和迫使威廉二世更改命令是否还有其他因素，即在柏林的幕后和威廉二世的大本营中，1897 年 11 月 9—12 日到底发生了什么事，还可以从后来的几个消息来佐证。

迪德里希后来听海军上将封·森登－毕布兰说："在收到俄国的抗议后，帝国首相何伦洛熙公爵坚定地表达了这样的观点：现在，在沙皇本人发出了俄国的抗议后，我们将应该保持我们的行动。"

据此看来，德国首相何伦洛熙公爵持支持的态度，那么，德国外交部和海军部的有关顾问们首先在这件事上要对德皇威廉二世的软弱态度和影响承担责任。

在时任德国海军部一部门负责人、后来担任第三任胶澳总督奥斯卡·封·特鲁泊（Oskar von Truppel），于 1897 年 11 月 14 日致"威廉亲王"号舰长的一封信中写道：

特鲁泊的信

关于这里的政治形势，我没有什么可写给您的，尽管它现在恰恰是您最感兴趣的……有关胶州湾命令的反复来自外交部，同样一再出现的"冷脚（胆怯之意）"则来自封·梯尔庇茨（海军部国务秘书），他担心这座费力而且当然完全是灵巧的空中楼阁的垮台。在这座空中楼阁中，他首先要安置其有关增加舰队的法律草案。因此梯尔庇茨大概也采取了反对巡洋舰分舰队（东亚舰队）这个作战行动的立场，因为并非他自己是此事的策略者。

1901 年冬，德国海因里希亲王在受邀参加梯尔庇茨组织的男人社交圈活动中，在迪德里希和若干其他上层人士在场的情况下，就关于在 1897 年 11 月 9 日面对俄沙皇尼古拉二世反悔的要求之时，梯尔庇茨的影响使德皇威廉二世改变了最初的态度（更改命令），海因里希亲王言辞激烈地批评了梯尔庇茨。梯尔庇茨当时试图寻求其上司、德国首相何伦洛熙公爵的庇护，但是，这受到了海因里希亲王的一再反驳而未能得逞。

从海因里希亲王后来为迪德里希提供的另一通知中得知，也还有其他德国利益集团对俄国的"无理要求"保持克制和默认的态度，这在海因里希当时（沙皇反悔之前）陪同威廉二世到波茨坦去的时候遇到的情况来说明，在专列的大车厢中只见到了封·汉克（von Hahnke）将军。此人试图以突然和紧迫的话语说服威廉二世收回占领青岛的命令。威廉二世考虑到沙皇已承诺放弃了胶州湾的优先权，随后做了如下回答："亲爱的汉克，您知道，我对您和您在军事方面的建议有多么高的评价，但对此事您却一点都不理解。"海因里希亲王说："陛下对汉克深表遗憾，之后他（汉克）便似一尊铸造的看门人那样坐在了那里。"

因此，是海军顾问委员会、代理海军总司令和年轻的海军军官推动了威廉二世占领青岛命令的实施，并得到了德国首相真正的支持。但是，却受到了外交部的顾问们、德国海军部国务秘书和一般来说威廉二世身边对海军不利的封建军事圈子的反对。

五　迪德里希的"幸运"抉择

迪德里希对于能够迅速完成威廉二世占领青岛的命令，而没有受到命令更改的掣肘。迪德里希本人认为，还有一个"幸运的"的原因，那就是迪德里希在 1897 年 11 月 9 日即起航占领青岛的前一天，在给代理海军司令、海军上将克斯特尔的电报中提出了把德国驻上海总领事馆作为东亚舰队战时电报台，确保东亚舰队在采取军事行动中，保持与国内联系的及时与畅通。理由是考虑到在占领胶州湾过程中，青总兵衙门的电报线将被切断，将不方便收发电报，以及在舰上收发电报的不确定性。如果从柏林直接向已集结在胶州湾的东亚舰队发电报，则很可能这个"更改的命令"在 13 日就能到达迪德里希手中，从而德国将失去和绝不可能再有占领青岛的时机。而这份电报 13 日到达了德国驻上海总领事馆，如果总领事施梯伯尔（Stübel）了解了这份电报的重要性，则很可能立即以其密码转发这份电报。但是，迪德里希根据总领事的谈话得出了之所以会延迟收到更改命令电报的这样一个结论：

　　他（总领事）作为对中国宽容和节制政策的追随者，会对整个行动采取不赞成态度。因此，来自国内的命令和个人的信念能起到何种程度的作用，将再不能确定。我一直认为他是一个机灵的官员，但也是一个谨小慎微的官僚主义者，并且还是一个对祖国感情淡薄的人。由于电报使用的是海军密码，所以施梯伯尔才请求借用"阿尔柯纳"号舰指挥部的密码簿。当舰长、海军上校贝克尔（Becker）得知电报内容时，试图尽可能地阻止转发，就是说只要做这事不是失职就行，这并不费什么事。至少柏林（代理海军总司令、上将克斯特尔）和上海（"阿尔柯纳"号舰长、海军上校贝克尔）这方面的企图就是想使（电报）到达延迟几小时，事实上这几小时就够使电报晚到了"。

这几个小时的延迟，间接促成东亚舰队占领青岛的成功，也可以被认为是一个决定了"青岛历史走向"的关键因素之一。从《手记》原文中可以看出，迪德里希对于在采取军事占领青岛行动时，决定将德国驻上海总领事馆作为与国内保持联系的电报台这一"聪明的抉择"沾沾自喜。

六 德国占领青岛引发国际外交波澜

迪德里希对于占领青岛这一事件在北京所引起的外交波澜的了解，基本上来自 1899 年与当时英国驻北京公使麦克唐纳德（McDonald）一起乘劳埃德公司轮船"海因利希亲王"号返回欧洲时的口头介绍：

> 当德国占领青岛的消息传到北京时，清政府总理各国事务大臣李鸿章立即赶往俄国公使馆向当时代办为巴甫洛夫寻求帮助。这位代办可能对他说了中国无需担心，因为俄国绝不会容忍德国占领胶州湾。尽管李鸿章提出了如果俄国帮助中国，但不能有附加补偿俄国的条件，可是巴甫洛夫仍然成功地使李鸿章妥协，按照俄国的主意来办，并等待俄国对德国的干预。
>
> 因李鸿章的软弱，清政府沦为俄国的附属的这番约定，使清政府总理衙门的其他成员，大多在受到英国方面的煽动后，对李鸿章进行了激烈攻击。一些大臣在慈禧太后面前弹劾了他，而这件事也成了李鸿章随后不久便失宠和失去黄马褂的真正原因。

从当时的国际政治形势看，迪德里希始终认为，德国在中国争取拥有一块固定殖民地的想法，没有哪个国家会乐见其成。英国当时殖民香港，且在华南地区、上海附近（今长江三角洲地区）拥有广泛利益，考虑到德国难以在短时间内得到这样一块殖民地，坚决阻止德国在上述地区落脚和插手地区事务和利益。并且尽可能地使德国与俄国在华北地区发生利益冲突，并利用这种相互争夺的矛盾而从中渔利。英国方面当时的普遍看法是：俄国在北京会对德国想占领青岛一事保持足够的警惕，并在各国之间有足够的影响力，可以使德国采取的步骤徒劳。因此，英国主流报刊中最初对德国方面的评价持同情言论，但是在德国占领青岛既成事实、不容置疑后，转而把最恶毒的侮辱词语倾泻到了德国人的头上。

△ 图 7-18　法国漫画《宰杀中国龙》❶

西方列强们正挥舞着屠刀切割旧中国，他们面目狰狞、龇牙咧嘴，互不相让

---

❶ 阎立津编著：《青岛图像志：卷一·建置初期》，青岛：青岛出版社，2023 年。

当俄国代办巴甫洛夫在听到德国占领青岛消息后，十分惊异和激动，他断然拒绝接受德国代办封·普利特维茨（von Prittwitz）当天晚宴的邀请（此时公使海靖在回北京的途中）。

关于俄国人在此事上的表现，公使海靖在写信给迪德里希的信中这样描述：

> 英国公使麦克唐纳德对我说，社交聚会的人已经聚在一起很长时间，越来越惊奇和显然不耐烦地等待着巴甫洛夫。最后人们就座，而后巴甫洛夫到场了，并未为其迟到道歉便一起坐到桌前，这种态度使所有在场的人十分惊异并引起许多猜测。只是在他（麦克唐纳德）回到英国公使馆后，他才从"他的"（内线）中国人处得知了在俄国公使馆和在总理衙门发生的事情。

迪德里希在《手记》原文记述：

> 所叙述的情况表明，我一直等到11月15日占领（全部）青岛，都未考虑公使（海靖）的愿望（首先向清政府提出赔偿条件，或外交谈判与军事行动协同并行），以便在（占领青岛）消息传来时他已经在北京，是多么正确和重要。

这也说明德国在国际上受到排斥以及占领青岛受到普遍反对，即德国寄希望于通过外交谈判或者在西方国家帮助之下获得一块殖民地的路径是行不通的。迪德里希认为先于外交谈判而完成军事占领青岛是"正确和重要的"。

海靖的信

公使海靖11月20日亲自写给迪德里希的信还讲了很多：

> 证明您对我们俄国朋友的不信任是正确的。真是太快了。只是由于您的迅速、决断的行动才挽救了局势，我们现在可以考虑一下既定事实。

公使海靖和他的夫人于11月12日下午1时才乘"重庆（Chungking）"号离开上海赶赴北京，并于11月14日（星期日）东亚舰队占领青岛的当天上午10点到达芝罘。"重庆"号下午3时在强烈北风中离开港口往天津航行，北风在海上掀起巨浪，以致"重庆"号不得不于晚上11点到庙岛群岛避风。直到星期二，即11月16日上午11点，船长才让船启航继续航行，并于17日晨到达大沽锚地。公使海靖在信中接着写道：

> 这时来了一艘拖轮，接我们登岸并送给我一份使人吃惊的密码电报。

我的夫人和我在拖轮的小舱室中将其译出，此刻我的夫人流出了眼泪。这也太不光彩了（关于俄国人反对德国占领青岛）！我在吴淞，在那个美好难忘的夜晚把有关默许的电报拿给您看，而之后俄国政府根据一个与中国（清政府）（签订）（而他们的君王似乎对此予以否认）的所谓条约提出了对胶州湾有优先权！11月7日发给您的更改 AH– 命令的指示也同时通知了我（应为发给您的更改 11 月 7 日 AH– 命令的指示也同时通知了我。11 月 7 日 AH– 命令，即为威廉二世 11 月 7 日签发的"将整个舰队迅速驶向胶州湾，占领该地……"的命令）……

在（到达）天津（时）出现了一线光明。首先是您的电报……您 11 月 14 日已经采取了行动。我们的人为此拥抱您。然后有消息从北京来。中国政府通过其驻柏林公使声明，中国政府眼下与德国保持着良好关系……

迪德里希从后来发生的一些事件中得到一个印象：好像柏林方面对驻北京公使封·海靖的作为不甚满意。他们好像认为，海靖可能把在中国取得青岛殖民地这件事结束得太快了，德国国内反对派还是寄希望于渺茫的谈判来争取目标。迪德里希在《手记》原文记载：

我想，这对他是不公正的，与采取拖延政策老手的中国人谈判不能与对欧洲外交进程的尺度相提并论。我的印象是，封·海靖先生与其夫人已经对德国有利（无论是通过外交手段还是以武力强占相威胁）办理这件事尽了全力——后来在回想到外交部的整个态度时，我产生了怀疑，海靖先生之所以在霍尔施泰因（Hollstein）及同谋者之中失宠，是因为他知道阻止不了（德国海军总司令部和迪德里希为代表的决心）在中国占领（青岛）这件事（所以海靖从外交层面积极协助军事行动）。

德国对于占领青岛，就德国海军顾问委员会首脑封·森登－毕布兰海军上将、代理海军总司令克斯特尔上将及迪德里希等为代表的人而言，"开弓没有回头箭"，他们的坚决态度和既成的事实，也迫使德国外交部与俄国的谈判大概也不得不坚定而灵巧地进行，因而，俄国的反对和抵制不久便偃旗息鼓了。

据时任帝国海军部一军事部门负责人（后来的第三任胶澳总督），并且具备外交官经验特质的特鲁泊后来对迪德里希讲："在幸运地结束了胶州湾事件之后，我对正在办公室探访的枢密顾问克莱默特说，看来外交部的人员对俄国干预的整个恐惧是多余的。"随后克莱默特就此回答说："是的，情况确实很顺利，但真还从未有一个行动像这个一样，只用了很少的外交手腕。"因此，迪德里希在《手记》原文记载："首先不在于成功，而在于实施行动的合适的技巧。这就是俾斯麦的学生想要的。"迪德里希沾沾自喜，自认为具有军事方面的果敢和技巧，自誉为俾斯麦的学生。

　　从以上章节内容和分析可以看出，当时，德国国内狭隘民族主义狂热思潮使其走向侵略扩张，以及要与英国、俄国等西方列强一决高低的道路，但是，也面临着复杂的国际、国内诸多矛盾和斗争，德国侵占青岛使这些矛盾和斗争具象化，具体表现概括为：

　　一是西方列强没有哪个国家乐意见到德国在中国占有一块殖民地而从中作梗；

　　二是俄国人反复强调对胶州湾有"优先权"的说法是谎言和骗局，而德皇威廉二世和政府高层则屈从于"俄国的谎言"，并且沙皇尼古拉二世在俄外交部的怂恿下对德皇威廉二世的承诺反悔；

　　三是迪德里希 11 月 14 日收到克斯特尔上将的命令是德皇威廉二世在国际国内压力下的妥协和采取了折中办法；

　　四是德国高层中相当一部分人对军事占领青岛后是否能守得住、是否能长期稳固、是否能达到预期目标等持怀疑态度；

　　五是德国外交部始终想通过外交手段达到德国想要的目标，来显示他们的能力，以及避免因为海军的军事行动给他们造成外交工作上的巨大压力和被动局面；

　　六是威廉二世在东亚舰队基地选址的多年犹豫不决、对占领青岛这一重大军事行动命令的反复更改，说明德皇、海军司令部、海军部、外交部、国务秘书等整个德国上层并非铁板一块，国内利益集团之间、各部门之间的利益争夺，以及派系关系复杂和割裂，德皇威廉二世缺乏凝聚共识的手段，上层缺乏统一意志；

　　七是德国即想称霸世界，但又因为在西方国家中普遍被孤立，而心生胆怯。

八 "永久占领青岛"的最高决策

11月15日柏林，在德国首相官邸举行关于胶州湾的专题会议，会议由威廉二世担当主席，参会者由德国首相、海军总司令、海军大臣、海军军令部部长、外交部副部长（外交部部长毕洛当时在罗马）等人。会议作出如下对策并得到威廉二世批准：

（一）计划永久占领该湾。陛下表示，他相信尼古拉皇帝的电报会表示赞同。早在两年之前，沙皇因感激我们支援俄国的东亚政策，就曾通知陛下，表示同意德国应在中国取得一个海港。陛下以为：胶州湾因位于北直隶海湾以外的南方，所以对俄国并无特别利益，此外俄国也可以永远派船前往该处。因此，陛下不相信与俄国会有战争，并深信德国舆论将欢迎占领该湾，就是会议里的中坚党派亦将承认并支援皇帝保护天主教会。

（二）首先——尽可能在五六日内——应设法证实欧洲列强特别是俄国对我们永久占领胶州是否反对或准备为难。

（三）如果没有这回事，应立刻募集1200人作为一支殖民军队，派往该处，因为军舰人员不能太长久地留驻陆上而不损及海军利益；并再派出几艘军舰：首先由巡洋舰"奥姑司打皇后（Kaiserin Augusta，即奥古斯塔皇后）"号自纣尼海（Jonischen Meere，即爱奥尼亚海）开往，然后是"格菲欧（Gefion）"及装甲舰"德国（Deutschland）"号。装甲舰"乌登堡

（Wuerttemberg）"与"奥登堡（Oldenburg）"号可即退役；巡洋舰"格尔（Ceier）"号在希腊海接防"奥姑司打皇后"号（Kaiserin Augusta），它可能在 14 日内抵达希腊海。

（四）我们的意图，在欧洲政治局面澄清之前必须保持秘密。在这个时期内，我们各部中的准备将限于不惹人惊动之事，但"奥姑司打皇后"号则可在收的必要的地图后立刻开行。

（五）为防止中国向我们作战（正式的或非正式的），中国的主权，如属可能，应在占领的同时仍予以保存，也许用永久租借的方式向中国取得土地。

（六）向中国尽量抬高我们的要求，务使其无法履行，因而有理由继续占领。❶

威廉二世批准的这六条措施，为德国政府与清政府关于"赔偿六条"的外交谈判、军事占领青岛的威慑行动和巩固占领成果、《胶澳租借条约》谈判及签订等一系列举措，提出了方针政策和指明了路径。

---

❶ ［德］佚名：《1897 年 11 月 15 日的记录　不署名的清稿》，青岛市档案馆、中国第一历史档案馆编：《胶州湾事件档案史料汇编》（下册），青岛：青岛出版社，2011 年，第 166-167 页。

九　向清政府提出索赔条款

关于因"巨野教案"向清政府索赔条款，德国公使海靖显然是经过德国外交部同意后，在原来与迪德里希商定的四条基础上，开出了六条赔偿要求。其中修筑铁路一条，海靖原拟"北京、胶州铁路之建筑权及沿路矿产的开采权应保留给德国企业"，对此，海靖接到外交部训令："关于这一点应谨慎地进行，俾不致使将华人驱入俄人之怀抱。"❶ 因此，海靖在正式提出的关于修筑铁路一条时只涉及山东。外交部根据 11 月 15 日在首相官邸召开的胶州湾专题会议精神，令海靖不要在 11 月 16 日之前向清政府提出赔偿要求。

1897 年 11 月 20 日，海靖在回到北京之后，即向清政府发出照会，并将六条赔偿要求作为附件，与恭亲王等官员会面谈判。海靖在照会中着重强调：德国传教士被杀、教堂被多次打砸抢劫和教士生命受到威胁，"是政府无力禁此等之事"，谴责清政府"无心责成"；再有"三国干涉还辽"一事中，虽然德国"大皇帝力为扶持"，清政府却对德国拟议的利益条件却丝毫不顾等怨恨之语。尤其在照会中言明：

> 查现在再有中国政府或治属无权或无心责成，以致我德人被抢物害命等险恶之事，仍未设法妥为保护，本国久已平和涵忍，惟万难等待至中国立心设法成政府之

---

❶ ［德］海靖：《驻北京公使海靖男爵致外交部电（译文） 73 号》，青岛市档案馆、中国第一历史档案馆编：《胶州湾事件档案史料汇编》（下册），青岛：青岛出版社，2011 年，第 176 页注释①。

第一要责与庶民物命一同妥保，本国无奈，自己设法，以便德国大局及民人之性命一律卫护。❶

照会和附件六条虽然没有明确提出租借要占领青岛，但是，"自己设法，以便德国大局及民人之性命一律保护"之语却暗藏玄机，即采取占领青岛的军事威慑行动，以对德国在华的利益及人员加以保护。最初"赔偿六条"内容如下：

第一款：

山东巡抚李秉衡应革职永不叙用。

第二款：

安主教在济宁盖教堂业已开工，中国应许赔银盖造，并赐立匾额，须有保护教堂教士之意，所赔之银应交德国驻京大臣转交收领。

第三款：

在山东德国教士被戕劫之案，所有盗犯自应拿获惩办，如有绅士官员等在此案内，应格外加重办理，教士所受之亏应全行赔偿，所赔之银，亦交德国驻京大臣转交。

第四款：

中国应许特保嗣后永无此等事件。

第五款：

在山东省如有制造铁路之事，中国先准德国商人承办，如有铁路就近开矿之事，亦应先准德商承办。

第六款：

德国国家办结此案所费之银，中国国家赔偿。❷

此"赔偿六条"是德国外交与军事行动需要相互配合的基本方略。后来，德国方面在此基础上又层层加码，达到了使清政府"难以履行"的地步。其中，对第一条、第五条的要求，双方存在很大争议。尤其是第六条要求清政府进行国家赔偿，即德国因为"巨野教案"而在外交与军事等方面所付出的代价进行索赔，

❶《照录德国使臣海靖照会》，青岛市档案馆、中国第一历史档案馆编：《胶州湾事件档案史料汇编》（上册），青岛：青岛出版社，2011年，第29页。
❷《照录德使海靖会内附开之六条》，青岛市档案馆、中国第一历史档案馆编：《胶州湾事件档案史料汇编》（上册），青岛：青岛出版社，2011年，第29-30页。

但德国政府始终没有给具体数字，并成为胁迫清政府签订《胶澳租借条约》的条件之一。经过多轮交锋，清政府在德国外交和军事双重威慑下，最终被迫"照单全收"。

1897年11月21日，海靖致德国外交部的电报中报告：

> 恭亲王昨日在总理衙门声明，在我们的要求中没有任何为中国政府所不能友谊谈判之点，但是，我们必须先放弃占领中国领土，然后可开始谈判军港要求。我回答：撤退却是我唯一不能谈判之点……❶

1897年11月21日，德国首相何伦洛熙专门向威廉二世奏报海靖的电报，奏报以及威廉二世在奏报中的批注，进一步阐述了德国政府向清政府索赔和侵占胶州湾地区（青岛）的具体措施。奏报中毫无廉耻地说：

> 谨向皇帝陛下呈上方由北京（海靖）拍来的电报1份。中国政府要求撤退胶州作为开始谈判赔偿的先决条件。（威廉二世对此语的批注：这种厚颜无耻，但是不可测的，一定受默兰维夫和阿诺托指使。因此，更要赶快地派出军舰。）我欲以如下最温和的方式来拒绝这个无耻的要求：
>
> 我们对中国中央政府将公平处理我们的要求并不怀疑。但是，我们的经验已经教训了我们，中国中央政府不是总能强迫行省当局执行这种命令的，因此，我们宁愿自己监视执行这样的命令，所以暂时仍留在胶州。（威廉二世对此语的批注：好。）
>
> 人们到后来总是能更清楚的。目前，不论中国政府采用任何方法，以图避免履行其赔偿，他们都只会有利于我们的目的，因为这样，对我们的目的来说就不必过早地一向他们摊牌。
>
> （威廉二世对此公文总批注：赞成。）
>
> 何伦洛熙 ❷

1897年11月26日，海靖发给总理各国事务衙门照会中称：清贵王大臣答应愿意按照提出的"赔偿六条"予以赔偿，但是，前提是要求德国兵船及岸上兵丁

---

❶（清）奕䜣：《总署恭亲王奕䜣录呈复德使海靖照会》，青岛市档案馆、中国第一历史档案馆编：《胶州湾事件档案史料汇编》（下册），青岛：青岛出版社，2011年。

❷［德］何伦洛熙：《帝国首相何伦洛熙奏威廉二世 手稿》，青岛市档案馆、中国第一历史档案馆编：《胶州湾事件档案史料汇编》（下册），青岛：青岛出版社，2011年，第176-177页。

尽行退出，再行商办。德国政府的原则是：要求清政府改途易辙，对德国政府要求的条款不能提出附加条件和悬而不决。海靖表示，至于占领青岛，是德国为了赎回所讨的"赔偿六条"的质押而已。

海靖的这番表示明显是欺诈，清政府和西方各国都心知肚明：德国的所作所为最终目的只有一个，即永久占领青岛。

1897年12月23日，海靖与军机大臣翁同龢、张荫桓举行秘密谈判，海靖又将"巨野教案"与"占领青岛作为质押"本应相提并论的一案，作为两案处理。

关于清政府向德国在山东的天主教圣言会赔偿银两一事，至1898年3月4日清政府向德国政府赔付的银两到位。海靖向总署发照会称："所有山东曹州（包括巨野、济宁）教案建造教堂（各6.6万两，总19.8万两）、建屋（2.4万两）、抚偿失物（0.3万两），各款共银二十二万五千两，现由户部照数拨付华俄银行，转交本大臣查收……抚偿山东德国教士允定各数款，贵王大臣现在均已交清，本大臣代本国国家甚为感谢。"1898年3月6日，中德双方签订《胶澳租借条约》。

🔺 图7-19　德国天主教圣言会用清政府巨额赔偿修建巨野县张庄教堂、兖州大教堂。此图为兖州大教堂外景

"赔偿六条"不直接提出"租借青岛"的原因分析

"巨野教案"发生后，德国政府以此为借口提出"赔偿六条"、军事占领青岛，最终迫使清政府与之签订《胶澳租借条约》，但是，为何没有直接宣布"占为己有"，或在"赔偿六条"里提出强行占领或租借胶澳地区，而谎称占领青岛只是作为索取赔偿的"抵押"，这里面有德国政府谨慎的考量。

（一）假借"国际道义高地"，避免被西方列强进一步孤立和讨伐等严重的政治损失。德国外交部在 1896 年 11 月 28 日关于欲占领三沙湾时就提出：

> 但是，即使只夺取一个三沙湾，在和平环境之下也必须等中国违犯了我们的权利而给了我们一个理由或口实时才能进行。一个储煤站的取得绝不足以补偿我们政府因一个赤裸裸的违法行为而招致的严重的政治损失。
>
> 基于这些理由，所以我们唯一可循的途径是等待华人先给我们一个报复的理由，然后再立刻占领三沙湾，扣留它作为一个抵押品，接着与华人交涉割让该地——开始时先要求有期限地割让。❶

这一策略为德国军事占领和殖民青岛提供了一个基本的军事与外交的行进路线：即等待借口—军事占领青岛—提出严苛的"赔偿六条"并谈判—谎称把青岛作为抵押—巩固占领成果—租

---

❶ 《外交部参事克莱孟脱的记录 手稿》，青岛市档案馆、中国第一历史档案馆编：《胶州湾事件档案史料汇编》（下册），青岛：青岛出版社，2011 年，第 140 页。

借胶澳地区谈判—增兵威慑—签订租借条约。

（二）最主要原因，在青岛的军事存在还没有"站稳脚跟"之前，过早地提出对青岛行使主权，不利于德国达到"最终的目的"，甚至前功尽弃；而外交与军事的紧密合作和渐次操作，最终取得了德国政府想要的结果。在此对以上两点加以进一步分析。

一是如前文所提到的，德国在欧洲国家普遍被孤立，没有一个乐于看到德国在中国沿海有一块殖民地。

二是清政府将借助英国的，更多的是法国和俄国等敌方的势力从中作梗。

三是将遭到西方列强假借"公平正义"名义的广泛声讨和强力干涉，或是以德国为样板纷纷效仿，甚至引发互相争夺胶州湾的战争，而多年的努力会付诸东流。

四是提出这"赔偿六条"，既要在国际上挣得面子，又要在外交方面减弱西方列强对德国的敌视。

五是"赔偿六条"主要是要求将山东巡抚削职为民，以及争得在山东修筑铁路和开采矿山的权利，还有进行国家赔偿。清政府对于这三条尤其是最后一条，一时难以答应，德国政府用"以时间换空间"的办法，以拖延谈判来争取东亚舰队对青岛地区占领的巩固。

六是外交与军事相互配合，利用清政府犹豫不决和"德国大局及民人之性命一律保护"为借口进行拉锯式谈判，且不断增兵相威胁，为取得德国真正想要的海军基地和殖民地，在军事势力炫耀和稳固侵占成果方面争取时间。

这应该是德国政府充分了解清政府国力和软弱的行事风格，以及权衡与西方列强之间关系后的决策，并为最终达成《胶澳租借条约》的签订奠定了基础，导致了清政府全盘接收德国政府所有要求，且满盘皆输的后果。

（一）稳定青岛局势

现在回到迪德里希率领东亚舰队占领青岛的军事行动中。

迪德里希为了扩大和稳固占领青岛的成果，达到占领的预期目标，任命舰队参谋长、"皇帝"号舰长、上校蔡厄担任陆上作战的军事长官，并将登陆部队隶属他指挥。蔡厄上校把他的司令部安置在原清军东大营中（后来的俾斯麦兵营，今中国海洋大学鱼山校区内）。

11 月 15 日上午，在占领青岛的第二天，为了供应驻军后续物资，与上海联络租赁德国禅臣洋行（Siemssen & Co.）❶的"龙门"号货轮，在船长舒尔茨（Schulz）率领下，带着另两位中文翻译（中国人）、几匹乘马和用于首批设施的器材到达小青岛锚地。下午则起了风暴，夜里下起了雨并且刮起了大风。在这种恶劣天气情况下不可能像 14 日登陆那样顺利进行搬运器材。

还没有撤走的成队的清军士兵慌乱不堪，可能是在收拾和搬运行装，在街上四处乱窜，被德军认为是"到处抢劫"，德军巡逻队借口解除了这些清兵武装。总兵章高元在战或退的不明朗情况下，提出要留在青岛，并声称要帮助处理政治情况，实则是等

---

❶ 禅臣洋行由格奥尔戈·希姆森（Georg Theodor Siemssen）创办，是一家历史悠久的德国公司，分别于 1846 年、1856 年在广州、上海，设立分公司，1899 年在青岛设立分公司。德占青岛后，主营工厂和铁路成套设备的禅臣洋行便成了德国在华最大供应商，参与港口、铁路等基础设施建设，仅建造胶济铁路一项，就为该公司赚取了巨大利润。

待天津督署和山东巡抚的指令。

11月16日早上，迪德里希得知，章高元已经把住有其家眷的衙门后院腾了出来。当迪德里希随后到清兵衙门查看清退情况时，章高元请求迪德里希，允许他去看望驻扎在德军暂时占领区域外的清军部队。迪德里希直截了当对章高元说，如果去了将不能再回来。章高元坚持要到他的部队当中去，迪德里希给予章高元放行，也是在迪德里希规定的清军48小时内退清的时限到达时。这时，青岛相当一部分老百姓同样扛着大包小包撤走，因此，迪德里希预期的混乱时期结束了。

至此，德军的军事行动达到了"不战而屈人之兵"的战术目标，完成了对青岛的占领（图7-20）。下一步就是要实现巩固和扩大占领成果，最终完成租借胶州湾及沿岸地区这一大的战略目标。

🔺 图7-20　德国画家描绘东亚舰队司令恩斯特·奥托·封·迪德里希率领舰队占领青岛的情景❶。图中间的舰船是东亚舰队旗舰"皇帝"号（SMS Kaiser）大型巡洋舰，右上角将领是迪德里希

在从11月14日到16日收发的一系列电报中，即使是从比较近的上海总领事馆电台发出的，也没有迪德里希所需要的回执，所以，不得不考虑到存在其他国

---

❶ 青岛市档案馆编：《见证青岛》（上），青岛：青岛出版社，2009年，第16页。

家对这一电台联络的恶意干扰。因此，急于为电报往来的及时性则需要继续租用船只，而且这时英国的公使禁止挂有英国旗的船只停靠青岛，迪德里希不久还是成功地包租了相应的德国船。

11月17日，在稳定了青岛的局面后，迪德里希派出了"柯莫兰"号和"威廉亲王"号，到胶州湾沿岸的一些地方张贴布告。

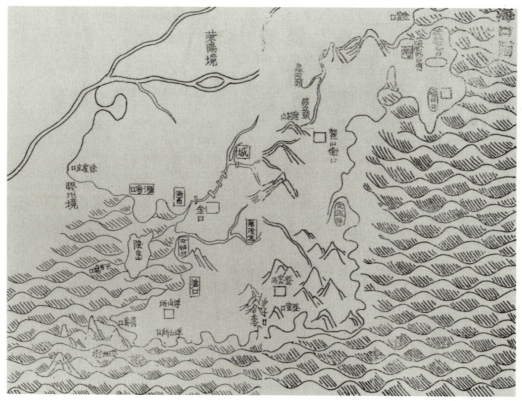

🔺 图7-21　清同治《即墨县志》中的海口图 ❶

图中依次标注了胶州湾内的青岛口、沧口、女姑口、金口、海西、滙海口、徐家庄口等湾内口岸

11月17日中午1时，"阿尔柯纳"号结束在上海的维修，在舰长海军上校贝克尔（Becker）带领下来到青岛，加入舰队作战序列。

11月18日，为了调查胶州湾内的东北部分地区和在短时间内占领胶州城，迪德里希带领"阿尔柯纳"号和"柯莫兰"号［舰长为海军少校布鲁撒蒂斯

---

❶ 阎立津编著：《青岛图像志：卷一·建置初期》，青岛：青岛出版社，2023年，第148页。

（Brussatis）〕两艘军舰进到胶州湾内部进行调查。靠近胶州湾东北岸的水很浅，德军登陆部队的一部分因不熟悉海况，乘小船都到不了海关站"大鲍岛"❶。德军雇佣一位渔民用作领水人在船上，这位渔民因害怕而全身发抖并哭泣，竟完全无用，德军只好尽可能快地将其送到他小船上的同伴中。迪德里希估计：这位渔民将会给他的同伴讲述"奇妙"的海盗故事。

（二）章高元被拘押

11 月 18 日当天晚上，还在军舰上的迪德里希通过在晴朗的夜空中也费力方可弄懂的探照灯信号，得到了领事棱茨（Lenz）自芝罘转来的一封电报。电报说：总兵章高元请求天津督署和山东巡抚增派兵力，并且在距青岛 30 里处（沧口附近）构筑工事，准备与德军展开争夺青岛的战斗。晚上 11 时，登陆部队指挥官蔡厄上校也使用探照灯信号的同一方法让信号兵向迪德里希报告称：他在距青岛以北约 18 公里处、靠近胶州湾内部沿岸一个叫作"沧口"的地方进行侦察时，遇到了章高元及其随从，按照章高元的说法是要待在那里。由于蔡厄上校也知晓芝罘领事棱茨（Lenz）的电报内容，因此，他想第二天（19 日）"逮捕"章高元，这样会尽可能使清军不能发起反击。

迪德里希根据蔡厄上校报告的这个消息，于是决定在 19 日黎明时分返回青岛锚地，并通过探照灯信号请蔡厄上校于 19 日早上到旗舰"皇帝"号上来，要当面向他分析面临的局势和采取下一步的军事行动。因为，迪德里希熟知登陆部队指挥官蔡厄海军上校具有好战情绪且争功心切，尤其是担心蔡厄上校鲁莽地逮捕章高元将会使军事冲突的事态升级，有可能引发两军交火而事与愿违。迪德里希是考虑到为了便于在北京的外交谈判和使青岛周边的老百姓平静下来，尽可能避免流血冲突，或尽可能避免粗暴的行动。迪德里希在回复的命令信号中也一再重复了这种意义。尽管信号兵向迪德里希报告说已正确地把命令传达给了指挥官蔡厄上校，但他没有遵从迪德里希的命令，还是一大早就到沧口去了，没有到"皇帝"号来见迪德里希。

11 月 19 日早上，当迪德里希率领军舰到达青岛前锚地时，蔡厄上校押解章高元及其约 50 人的随从也到了青岛。这时，也侦察到在沧口东北几公里处有清军部

---

❶ 原文为"大鲍岛"，但按照其调查地区方位看，应为沧口或女姑口。这两处在清政府时期为海关分关，均位于胶州湾东北部地区。

队驻扎的兵营，估计该处有 1 200 ～ 1 600 人，也许只有一半人。

蔡厄上校不服从命令而擅自"逮捕"章高元回青岛的行动，使迪德里希想起了在到达上海时一样：蔡厄异乎寻常地违背勤务常例，没有对他远接近迎，受到了不合常规的怠慢，并且对迪德里希心生妒忌。因此，迪德里希早已对蔡厄心存芥蒂。迪德里希又看到和必须想到的一种内部无言的反抗。《手记》原文记载：

> 由于柏林的政治形势不明朗，这种反抗对我们的努力可能会变得很有害。这次我只限于要求由于"成功"而飘飘然的舰长蔡厄因受命磋商而早早出发，因为我不想让他和他的军官失去对这几天紧张行动的欢乐"。在军队当中，尤其是在战争时期，下级不服从上级的命令是军中大忌，但是，迪德里希又一次忍耐了。

（三）德国国内对占领青岛的肯定

11 月 19 日，自 11 月 14 日下午 3 点收到"更改的命令"后，至 19 日以来，来了柏林的第一份电报，如前文所述，这是由代理海军总司令、海军上将克斯特尔发来的，赞同迪德里希所率领东亚舰队占领青岛的行动，说明德国内外交困的局面有所缓解，占领青岛既成事实，并使迪德里希本人免除了某些担忧。电文说：

> 祝贺占领（青岛），提出（赔偿）要求很好。公告生效。"奥古斯塔皇后'号（巡洋舰）去了。补给品随后。
>
> 海军上将（克斯特尔）

11 月 19 日这天，命令"柯莫兰"号领港探索通往胶州城海路状况。迪德里希将"皇帝"号和"威廉亲王"号两艘军舰停泊于小青岛和栈桥之前的锚地，命令在舰上的舰员保持高度戒备以防不测。因为在青岛的局势并不明朗，清军随时有可能反击，并且登陆部队指挥长蔡厄在各营房中保留的警戒力很弱。

义和团掀起反抗外国侵略者的反帝爱国运动，对于德军而言，占领青岛可能引发灾难性危险的盲目性显然存在于登陆部队中，尤其是登陆部队指挥长蔡厄上校在这次动乱期间令人非常遗憾地不服从命令，更使迪德里希担忧，"盲目性"的根源在于登陆部队过度夸张的优越感和轻视对手，其结果可能会把往往是很大的成功变成了可耻的失败。蔡厄为了抓住这位所谓无用的中国总兵，在青岛的营房士兵倾巢出动，几乎无人防守。《手记》原文记载：

> 即使我现在可以认为中国人没有公开反抗或攻击我们的部队人员，

但我们确实不知道，他们在多大程度上会受到与我们"保持友好的"北京政府的代表（俄国人）的挑唆，而且无论如何都必须记住他们的狡诈。

（四）到胶州城宣示占领权

11月20日，迪德里希率领约200人的登陆部队动身去胶州城宣示占领权、安抚百姓和稳定局势。胶州位于胶州湾西北，有19世纪末中国的重要港口，经济繁荣、文化底蕴深厚，当时被誉为山东重要门户咽喉，时属莱州府下属州。

🔺 图7-22　德军在胶州城东门内牌坊前合影❶

因胶州城没有驻扎清军部队，迪德里希率领的登陆部队在胶州的塔埠头登陆，几经波折后，于下午4点左右在没有遇到抵抗的情况下便进了胶州城，城内只有一个维持治安的警察队。如同大多中国县城一样，有着双层高大厚重的城墙，并有护城壕沟。迪德里希到州衙拜访，主要是威胁胶州知州罗志伸（图7-23），如有实施反抗者，德军将要严加惩罚，并约定征调德军后备运输所需的20辆大车。知州罗志伸表示愿为满足德军眼下的需求效劳。《手记》原文记载：

只要他作为中国官员可做到的，他后来也都以理智的、值得赞许的

---

❶ 阎立津编著：《青岛图像志：卷一·建置初期》，青岛：青岛出版社，2023年，第503页。

方式表示了对我们的支持。

▲ 图7-23　1895年胶州知州罗志伸（中间坐者）与众人合影 ❶

　　迪德里希打算在城内过夜，知州罗志伸指示把城内的文庙作为德军过夜下榻之处，并且答应在德军付款后供应所需食物和燃料。但知州罗志伸是低估了德军的需求或者是遇到了采购困难，供应的这些物资根本不够用，因为，在轻型结构的庙宇大殿中夜宿感觉寒冷刺骨。因此，德军登陆部队在文庙院子当中燃起了一堆很旺的篝火来度过寒夜，为此还燃烧了一部分旧木梁、旧椽子和树皮充作烤火木柴。一位老庙祝用一个大黄铜壶煮水用来泡茶，一直忙碌到大清早。登陆部队中只有很少数士兵睡了觉。军官住在大殿中，那里立有神像（孔子像）。迪德里希穿着大衣裹在尽可能厚的被罩中躺在冷坑上冻得发抖，睡了断断续续的短觉。《手记》原文记载：

　　　　一位年轻的军官听说中国的神也会显灵，他在一位身着华丽绸衣的神像旁徒然地寻求入睡，最终他解下了这尊神像的绸衣，然后裹着彩色的绸衣睡着了。他在早上将绸衣重又披在神像上。经过打扮之后，中国神重又穿上了夺目的华装，而这位军官则可以精神抖擞地从事他当日的工作了。

　　迪德里希在当天夜里布置了严格的警戒，因为他不相信知州的以礼相待，唯

❶ 阎立津编著：《青岛图像志：卷一·建置初期》，青岛：青岛出版社，2023年，第318页。

恐其中有诈，但一夜无事。事实上，一个有组织的、有勇气的团队，可以在一条弯曲的窄胡同中进行突然袭击。德军到达时，城内居民以冷眼相待。因为害怕义和团的打击，迪德里希认为这些安全措施并非完全没道理。第二天早晨 7 点钟，在登陆部队开拔时，知州罗志伸与随从在城门外为迪德里希及其部队送别。

《手记》原文记载：

> 县官（知州）的年龄和体弱多病大概阻碍了其进取心。此时他交给我一封红信。翻译将其内容视为一种下级官员对高级官员的一般礼节性表示。当我要求至少翻译一下内容时，信是用这些话开头的："你的愚弟罗拜上"等等。一位中国县太爷（知州）这样向其官方上司说。是否我们在德国大体上也要这么做呢？！——这位谦逊的罗将来作为德国和中国利益间的特别机灵的和恰当的中介人是合适的。

11 月 21 日，知州罗志伸将德军到胶州的情形简略电告山东巡抚：

> 济南抚帅钧鉴：月之二十六日申刻，德国棣（迪德里希）提督带兵携炮晋城，当径飞禀在案。今日卯刻，仍回塔口，合行禀报，辰刻。胶州罗志伸。❶

当日，迪德里希由于没有足够的兵力留作胶州驻军，只能再次告诫知州罗志伸要得体地维持良好秩序，然后整个登陆部队由塔埠海口登舰，在航路很坏的困难状况下返回青岛锚地。

后来，胶州知州罗志伸因屡次违抗禁令，擅自为东亚舰队提供运输用大车、雇工、骡马，并且还要腾出署衙为迪德里希再次到胶州提供居住等便利，受到总兵章高元、山东巡抚张汝梅和中堂李鸿章的参劾而被革职。

（五）准备购置土地和宣布临时占领区

11 月 21 日，"龙门"号货轮又一次给东亚舰队运来一批设施和物资，有电报设施、防风灯、木板、给养、暖气片、被子等物资，对殖民地的建立给予促进和保障支持。

11 月 21 日下午，海军总司令发来的电报命令使迪德里希非常高兴，海因里希

---

❶（清）罗志伸：《胶州知州罗志伸致山东巡抚李秉衡电》，青岛市博物馆、中国第一历史档案馆、青岛市社会科学研究所编：《德国侵占胶州湾史料选编（1897—1898）》，济南：山东人民出版，1987 年，第 261 页。

亲王将亲率铁甲巡洋舰"德国"号前来青岛加强东亚舰队力量，其主要使命是监督尽可能快地为"未来的殖民地青岛"租下需要的所有土地。如前文所述，这也是迪德里希一直以来想要达到的目标。在占领青岛后，购买土地的工作随即开展起来，虽然翻译克莱布斯和舰队军事法庭法学家、法律顾问伏里驰（Fritsch）做了努力，但是，由于村民、地保的拖拉和不信任而收效甚微。

⬧ 图 7-24　1897 年 12 月 16 日，海因里希亲王率领铁甲巡洋舰"德国"号和"格菲欧"号组成的舰队从基尔港启程到青岛，威廉二世亲自到基尔港为其举行欢送会并发表讲话❶

　　这道命令提醒了迪德里希，应该从善于与中国人打交道的领事圈子中寻找合适人选，并得到了柏林的支持。随后于 11 月 25 日把上海总领事施梯伯尔（Stübel）调给迪德里希，他于 12 月 1 日与翻译单维廉博士一同到达青岛。

　　《手记》原文记述：

　　　　尤其是由于施拉迈耶（单维廉）稳健而专业的工作，迅速而令人满意地办好了已经进行的谋求土地优先购买权的事宜。在与施拉迈耶的深入谈话中，我们现在已就未来制定土地所有者的权利及其赋税等进行了商谈。而我的目标是阻止土地投机，并把土地的升值交由国家和市镇

❶ 阎立津编著：《青岛图像志：卷一·建置初期》，青岛：青岛出版社，2023 年，第 159 页。

来管。我在基尔担任造船厂厂长时通过对相邻地块竞价取得的经验帮助了我。

这些举措为胶澳总督府于 1898 年 9 月 2 日开始颁布的一系列土地法规政策奠定了基础。

11 月 22—24 日，迪德里希派出各舰到胶州湾沿岸登陆，呈辐射状，只要从沿海岸出发一天行军路程可到达的地方，即所谓的临时占领地区，都挂上德国旗帜和张贴布告，宣示德国占领的权利，都没有遇到居民的任何麻烦。

对于"临时占领地区"面积，《手记》原文记载，"约为现租借地区 30 倍大"。如果按照这个倍数计算，约 1.65 万平方千米，比现在青岛市辖区面积 1.1293 万平方千米还要大。这也为 1898 年 3 月 6 日清政府被迫与德国签订的《胶澳租借条约》第一端第一款当中"……允许离胶澳海面潮平周遍一百里内（系中国里），准德国官兵无论何时过调……"的确立埋下了伏笔，并形成事实上的界外之界做了先行先试。

自从蔡厄将章高元及其随从押解到青岛后，就将他们拘押在东大营之中。章高元和他的部队始终令迪德里希不胜其烦。其间，章高元请求许可向其部队士兵发一封信，命令清军按照德军所要求的地方撤出去；但是，德军的侦察一再表明，清军营地依旧在沧口东北原来的地方。后来情况说明，即使是在被德军拘押，这位"值得尊敬"的总兵章高元也很好地伪装和狡黠地通过所提到的这封信，命令他的部队等待他返回营地。这可能是章高元利用中国古文文体章法愚弄了德国人，使国人轻易上当。在知道章高元的信有诈之前，迪德里希便威胁章高元要顺从于德国人的指示，并要以武力将清军部队从德国人宣示占领的地区赶出去。迪德里希认为这样的威胁是对的，因为德国驻芝罘领事棱茨电告迪德里希，清军孙副总兵（胶防营务处孙宝璋）已奉命派人去营救总兵章高元。

（六）占领胶州城、即墨城和驱逐清军部队

11 月 25 日，迪德里希命令"皇帝"号、"威廉亲王"号和"阿尔柯纳"号的登陆部队构成了一个 350 人的进军纵队。这支纵队要开拔到即墨城和胶州城，将在这两处炫耀武力和散发德军的布告，并在青岛和这两座城之间的范围驱赶章高元的清军部队和援军。

▲ 图 7-25　德军驱逐清军逼近即墨县城 ❶

　　由于 11 月 20 日向胶州知州罗志伸征调和其答应的运输工具未到，并且也只从青岛及其周围搞到很少一部分所需的牲口和车辆，因而进军纵队开拔延误了两天。这些对于一支按军事概念为战争进军而准备行军的全副武装的部队来说还缺了很多东西。但是，《手记》原文记载："必须严肃地向中国人表明，如果我们要用武力对付他们，而以蔡厄上校为首的军官们则会由于欲望而奋勇直前的。"迪德里希始终为中、德两军可能发生的交火战斗或大规模战争做着准备。

　　11 月 27 日早晨，迪德里希亲自率领的这支进军纵队开拔了。而就在东大营后面街道第一个陡坡处，德军士兵用总兵章高元的一头骡子拉一辆运输行李的车时，因为驾车人是一位海军一级下士，不熟悉驾驭牲口便发生了不幸，这匹难以驾驭的牲口受惊了，致使人仰马翻（图 7-26），驾车者被碾伤，大腿骨折。这是一个不好的开头，于是，不得不丢下这辆行李车，并且就这样继续行进。迪德里希稍稍晚些时候骑马跟着并在沧口前赶上了进军纵队 ❷。

❶ 阎立津编著：《青岛图像志：卷一·建置初期》，青岛：青岛出版社，2023 年，第 507 页。
❷ 海军少尉、军医哈格纳茨（Hagenatz）参加了这支进军纵队的行动，他在此次行动中兼职会计和保管钱箱。其个人对 1897 年 11 月 27 日—12 月 10 日首次出征即墨和胶州两地的过程作简短回忆并向迪德里希报告。此报告作为附录附在正文后。

▲ 图 7-26　德军士兵在行进途中发生翻车事故 ❶

　　迪德里希认为，这支进军纵队要尽可能避免与清军发生交火和流血，并确信清军部队会在德军靠近时撤走，如同德军初占青岛时的撤退一样。但是，迪德里希担心这些官兵们"条顿人的发狂"❷，尤其是那些年轻军官们，他们摩拳擦掌，狂妄自大地想着在与清军的第一个回合交战中建立功绩，迪德里希用"条顿人的发狂"暗喻蔡厄好斗、鲁莽和狂妄，以及不服从命令的行为。

　　但是，当进军纵队登上沧口东北较低但陡峭的山岭，侦察先前由蔡厄发现的清军驻扎地时，却什么也没有发现，只看到远处正在撤退的清军士兵。蔡厄命令其部队继续追踪清军部队时，迪德里希返回了青岛。

　　自东亚舰队占领青岛后的这段时间，青岛的局势并非高枕无忧，约1/3士兵参加了由蔡厄（图7-27）上校率领的驱赶和清剿行动，以及张贴布告的进军，其中大多数为登陆训练的士兵。并且由于蔡厄在采取军事行动的"盲目性""条顿人的发狂"和青岛兵营防守空虚等问题引发的危机，迪德里希决定任命海军上校贝克尔（Becker）（图7-28）代理蔡厄的陆上作战的军事长官一职，坐镇青岛这个

❶ 青岛市政协文史研究会编、车韬著：《世纪光影——照片中的青岛旧事》，青岛：中国海洋大学出版，2022年，第36页。
❷ 条顿人（Teutons），是古代日耳曼人的一个分支，公元前4世纪分布在易北河下游的沿海地带，后来逐步与日耳曼民族的其他部族融合。中世纪的条顿人是现在德国人的祖先，他们在战场上骁勇善战，以所向披靡著称。

"根据地"。这主要是为了守住和巩固占领青岛的成果，以防清军反击；蔡厄则专事驱赶和清剿清军的行动。贝克尔搬进了东大营陆上司令部，章高元正是被关押在这里一座原清军军官的房子中。

▲ 图 7-27　蔡厄

▲ 图 7-28　东亚舰队"阿尔柯纳"号舰长、海军上校贝克尔

俄国驻北京的代表始终都对德国占领青岛抱有敌视态度，估计法国的态度必然是一样的。如迪德里希从可靠方面所得知的，一位从天津到上海的俄国上校就对德国占领青岛所采取的军事行动公开表示："他（德国）搭乘了一列破车。"

《手记》原文记载：

这位先生对我们的意图肯定与其法语一样不怎么好。在其影响和出主意下，中国人做出大胆的一步（拒绝德国人所有要求并直接军事对抗）。因此，领事棱茨从芝罘一再电告我们可能由各地增援部队到青岛。

迪德里希及其周围的人由于对章高元的清军部队有关意图和动向不明，不排除清军部队绕道打回青岛的可能性。为了加强陆上部队的值勤警戒不至于完全中断，即使是军舰上可能缺人，也要向陆地派遣（主要是向东大营），而且在警报制度上特别考虑到了通过军舰对登陆部队的支持。

这时，由于电报线路一再不听使唤，可能处于敌对方的控制之下，电报员同蔡厄的进军纵队联络不畅，不安全性增加了。迪德里希将"柯莫兰"号派往胶州湾内北部尽可能远的地方，以便通过探照灯和进军信号与进军纵队保持联络。但无云的天空和明亮的月光往往使互相通报中断。德军花了大价钱雇用的一位中国送信人，他曾一度以极短时间送了一封信给蔡厄并带回了情报。这次则是精疲力竭地跑了回来，且抱怨地说，他被四处抢劫的中国士兵抢劫一空并且受到了虐待。

更令迪德里希不安的是，由于东亚舰队自占领青岛以来，尤其是登陆部队连日的紧张劳累和寒冷时节的宿营地及设施完全不足，并由于对整个局势不明朗和清军部队随时可能的反击，某种紧张不安的情况已在登陆的部队中多次显露出来。

11月28日晚上，东大营的一个哨兵发现，拘押章高元的院子当中燃起了信号篝火，而同时从营房后高地上看到了灯笼的闪光。这被迪德里希认为是"孟加拉式照明"。他虽然不知道，在中国的某个地方也会使用这种沟通方式，但很显然，迪德里希认定这是章高元与其朋友或在暗处的部下之间进行信号联络。尽管章高元予以否认，说他院子中的火光是取暖之所需。迪德里希为加强巡逻警惕，命令官兵无论如何总是要提高警戒，并告诫站岗的哨兵。

11月29日，芝罘领事棱茨第二次电告，在胶州外围集中了大批来自外省的清军部队，据称是为了维持秩序。

（七）章高元的密信

自从德军将章高元拘押在东大营后，许可他从青岛的一家中国饭馆给自己弄吃的。自11月19日至11月29日被带上"威廉亲王"之前，章高元利用餐馆送饭之机秘密夹带信件，与总署、天津督署、中堂李鸿章、山东巡抚等互通信件达39封之多。

由于11月28日晚章高元在东大营院子燃烧篝火的事件，引起了迪德里希和登陆部队代理长官严重的关注，他们命令哨兵严格监视，并在11月29日早上检查发现，送给他的米饭中夹带了四封信：一封信是来自清军部队的负责人，内容包含有蔡厄进军纵队详细活动的情报，并报告说，清军部队已撤往法海寺（今崂山西麓夏庄）；第二封信来自李鸿章，告诉章高元，对德国的外交谈判正在顺利进行，告诫他要有耐心；第三封电报来自山东巡抚李秉衡，翻译将电报译给迪德里希，内容为告诉章高元应保持冷静，必须根据具体情况行事，以上三封信被迪德里希扣押；还有一封私信，交给了章高元的手中。迪德里希告诉章高元，将立即把他带上船，以切断欺诈。以下是山东巡抚李秉衡、中堂李鸿章通过胶州秘密转给章高元的指示电报。

山东巡抚李秉衡来电

光绪二十三年十一月初四日

（1897 年 11 月 27 日）

胶州章军门鉴：冬电敬悉。具见足下苦心，钦佩。惟枪械万不可为敌所有，此外尽可相机办理，弟必能相谅也。衡。江。印。❶

北京中堂李鸿章来电

光绪二十三年十一月初五日

（1897 年 11 月 28 日）

胶州章镇：江电悉。总署责令（海靖）勿凌辱统将，勿索车辆，海使允转电提督（迪德里希）。许钦差并照会外部言汝宜忍耐静守，现正议办教案，可冀渐有头绪。鸿。印。❷

11 月 29 日，当章高元被带上"威廉亲王"号时，他再没有了反击的机会，感到非常绝望，他威胁迪德里希说要跳海，却没有实施的勇气。当迪德里希到舰上探访他时，批评他愚蠢而不得体的举止。前一日，章高元抱怨说，他将承担丢掉青岛的责任而掉脑袋，并请求迪德里希，许可他给总理衙门发一个请示电报，或许他的上司会考虑他的处境，并会给予他撤出德国人所要占领地区的命令。这事被允许了。以下是章高元 11 月 28 日致天津督署、北京李中堂和山东巡抚的电请"速示机宜"电文。

天津钦宪、京都李中堂、济南大帅钧鉴：本日巳刻确探，罗牧（胶州知州罗志伸）为德人备大车廿辆驰至青岛，专为来营搜载洋枪刀械……限我军一点钟内如不退出女姑口七十五里，即行用兵，等因。似此恐吓，虽不为动，倘敌人欺凌不已，我军即奉旨不准开衅，又严饬不得再退，战既不可，退又不能，何恃以抗敌人？又恐被伊将军械全数搜

❶ （清）李秉衡：《山东巡抚李秉衡来电》，青岛市档案馆、中国第一历史档案馆编：《胶州湾事件档案史料汇编》（上册），青岛：青岛出版社，2011 年，第 180 页。

❷ （清）李鸿章：《北京中堂李鸿章来电》，青岛市档案馆、中国第一历史档案馆编：《胶州湾事件档案史料汇编》（上册），青岛：青岛出版社，2011 年，第 181–182 页。

去，为之奈何？且虑被逼太甚，变生仓促，大局攸关，焦灼万分。元处此危地，一身不足恤，忧敌人肆强致生变故。反复愁思，迄无善策，望速示机宜，不胜激切待命之至。高元。徽。申。印。❶

当迪德里希把扣押李鸿章、李秉衡的电报拿给章高元看时，他显得非常激动和沮丧，并且说，总理大臣和巡抚的电报都是让他保持镇静，并命令他应在青岛坚守阵地，这样就"不会使他为难了"。迪德里希认为电文内容与章高元的这个说辞可能会不一致。当迪德里希质问翻译是否有误时，翻译克莱普斯再次审阅了电文后说，这可能是根据总兵陈述的意思译读的。迪德里希认为，这只是清廷官员耍的手段，是诸多两面派的手法之一，并承认翻译克莱普斯是当时德国外交使团中中文最好和最博学的。

11月30日早晨6点左右，迪德里希收到了代理长官海军上校贝克尔从东大营发出的敌情紧急信号。原来一个哨兵从黑暗中看到一堆人朝兵营走来，当对他的警告不理睬时，他向营房发出了警报，被关押的中国士兵显然在营房干了些什么，哨兵在第一次警告枪响时就将人群驱散了。迪德里希在旗舰"皇帝"号上立即命令增援，由于天黑无法看清陆地情势，将派出的登陆艇紧急加以武装，配备了轻型大炮对着陆地，而剩下可供派遣的舰员则已做好了随时下舰的准备。但在被派出的军官到达陆地时却一切静悄悄，而派出的登陆艇没有立即返回，因此据推断，为了准确侦察，到了距离半小时路程的东大营。随后在晨曦破晓后不久便通过旗语确定，无需援助。随后，按照村子中长老可信的陈述，这是一些并无武装和无威胁的工人，他们是每天从附近的村子到青岛做工的。

（八）章高元被释放

11月30日，章高元给天津督署、北京李中堂和山东巡抚的请示电报成功获得了回复，章高元奉旨率领部队撤至烟台。

❶ （清）章高元：《章高元致天津督署、北京李中堂和山东巡抚电》，青岛市档案馆、中国第一历史档案馆编：《胶州湾事件档案史料汇编》（上册），青岛：青岛出版社，2011年，第181页。

北京中堂李鸿章来电

光绪二十三年十一月初七日

（1897 年 11 月 30 日）

急。胶州速送章镇台览：本日奉旨，著章高元移扎烟台。务即知会德提督勿再逼迫，容汝从容督队移扎。并容（酌）留妥人查探动静电报。鸿。虞。印。❶

11 月 30 日、12 月 1 日，天津督署和山东巡抚也分别给章高元发来内容大致相同的旨令。

12 月 1 日，章高元按照李鸿章在电文中的要求，将此旨令通过一封信告知了迪德里希。

12 月 3 日，在经过德国驻北京公使海靖证实了确有此电令之后，章高元随后被释放，海军上校贝克尔还陪章高元走了一段路。

至此，清朝政府经略七年的海防重镇青岛被德国人占领。德国侵占青岛后，于 1898 年左右绘制的青岛鸟瞰图，基本反映了原章高元所辖部队驻扎青岛时的营房布局、炮火布防位置等情形，只是各要害处不再飘扬着"黄龙旗"，而是德国的国旗和海军军旗。图中最高的山丘是信号山，山上架设高耸的通信天线，信号山与青岛口之间的建筑群分别是青岛村、原清总兵衙门及其附属的几座兵营，近岸三座火炮阵地布列整齐，青岛口停泊两艘军舰、两艘大型商船、两艘小火轮及多艘帆船。

---

❶（清）李鸿章：《北京中堂李鸿章来电》，青岛市档案馆、中国第一历史档案馆编：《胶州湾事件档案史料汇编》（上册），青岛：青岛出版社，2011 年，第 183 页。

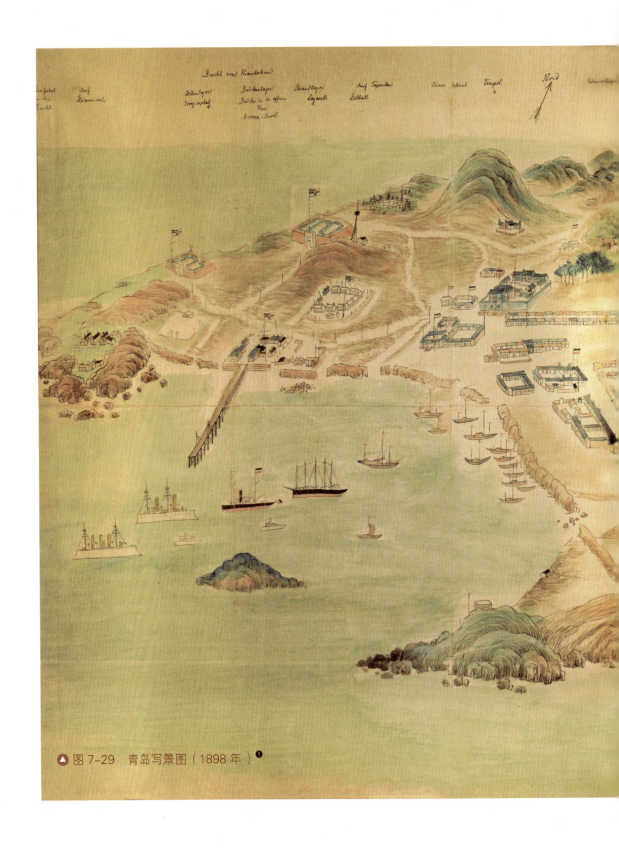

图 7-29　青岛写景图（1898 年）❶

❶ 青岛市档案馆编著：《图说老青岛》，青岛：青岛出版社，2016 年，第 131–132 页。

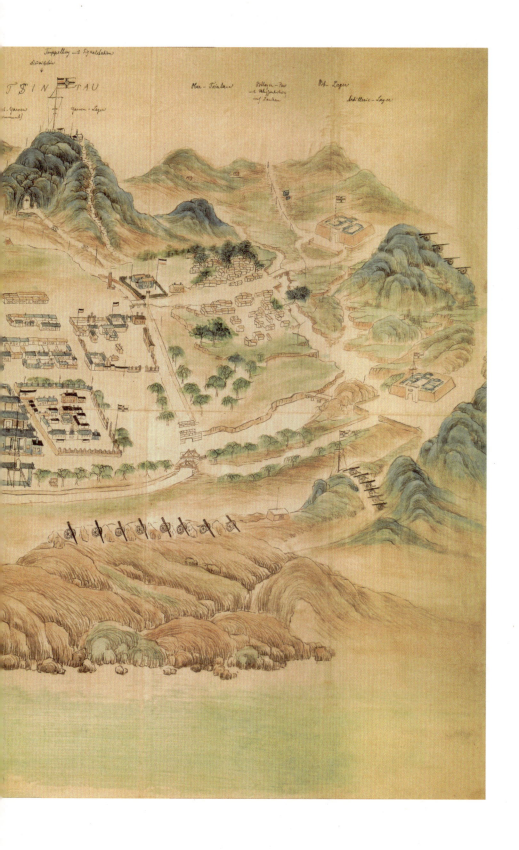

在此之后过了一段时间，从迪德里希所谓的"友好方面"寄来了一份周刊。《手记》原文记载迪德里希对这份周刊内容的描述："这份周刊以难以令人置信的夸夸其谈的方式描述说，章面对德国舰队司令表现得是如何勇敢和骄傲。他给德国人留下了何等令人敬畏的印象，通过连带的陈述说明，舰队司令以荣誉卫队（仪仗队）伴送他，讲得活灵活现。舰队司令和荣誉卫队骑着马并戴着巴伐利亚的盔缨头盔。"这份周刊把章高元描绘成面对敌人时勇于抗争、不屈不挠而令敌人尊敬的英雄。

而总兵章高元的部将孙宝璋致总署、天津督署和中堂李鸿章的报告中颂赞章高元被押解到船上的表现时说：

> 章镇忠义性成，临难不苟，身处危地，持节弥坚……❶
>
> 据称，目见章镇被逼上船时，争论不屈，继以怒骂，屡数投海，均被德员拦住。又夺获德兵之刀，逼令戕害，复欲自刭，德兵环跪夺刀，欲死无术。此为大臣志节所关，不敢壅于上闻，伏祈鉴察。❷

章高元自述这一情节时亦说："缘本月初七日（11月30日）上船后，元据理指斥，誓死不屈。德提督反示礼敬"❸。这些皆描述了章高元一副将以身殉国、宁死不屈、赴汤蹈火、大义凛然的气概，反而使得东亚舰队司令迪德里希对其敬佩和礼遇。

（九）德军枪炮齐施　清兵民伤亡

关于蔡厄率领的进军纵队的军事行动。迪德里希命令将11月29日截获"清军部队已撤往法海寺"的消息，通过信号和信通知了到即墨城去的蔡厄。蔡厄获通知后，决定放弃第二天继续进军胶州城的计划，以将原驻防青岛的清军完全逐出德军划定的临时占领区域，即德军沿胶州湾海岸出发一天行军路程可到达的地方之范围。

---

❶（清）孙宝璋：《胶防营务处孙宝璋致天津督署、北京中堂和山东巡抚电》，青岛市档案馆、中国第一历史档案馆编：《胶州湾事件档案史料汇编》（上册），青岛：青岛出版社，2011年，第185页。

❷（清）孙宝璋：《胶防营务处孙宝璋致天津督署、北京中堂和山东巡抚电》，青岛市档案馆、中国第一历史档案馆编：《胶州湾事件档案史料汇编》（上册），青岛：青岛出版社，2011年，第185页。

❸（清）章高元：《章高元致天津督署、北京李中堂和山东巡抚电》，青岛市档案馆、中国第一历史档案馆编：《胶州湾事件档案史料汇编》（上册），青岛：青岛出版社，2011年，第187页。

12月1日，蔡厄率领进军纵队回到在崂山脚下的流亭并扎营。《手记》记载，在进军纵队到达法海寺之前，清军部队已携带行装向北方撤去。蔡厄决定寻踪追击，抓到这些清军并将其解除武装的行动导致动武。德军"枪炮齐施"，造成清军1名哨长和2名百姓死亡，多名士兵受伤，德军无人伤亡。清军军械、帐篷、粮米、各家具等收束无及，遗弃甚多。其实，章高元所属部队12月1日也收到总署电报"奉旨移扎烟台"，部队正收拾行装，等待章高元"回营整队移扎"。在无迎战准备的情况下，不料德军来袭，而不是如迪德里希所讲"已携带行装向北方撤去"。对此事件，档案史料有翔实记载。

12月3日，胶房营务处孙宝璋致总署电称：

> 初八（12月1日）寅刻接宪电，奉旨：移扎烟台，并知会德提督容汝（章高元）回营整队移扎，等因。当即缮就照会送岛，正束装候信，德兵共五六百人突自即墨来扑，临近连开排枪。我军未敢擅战，兵只得登法海寺东山严扎。伊兵大队跟追猛进，并运炮上山，连环施放。卑职以兵端虽开自彼，而时局攸关，何敢率行迎敌，只得权移山外扼要扎营。查点四营及炮队人数间有未齐，难保无丁勇伤亡。❶

12月12日，山东巡抚张汝梅致电总署称：

> ……确查伤毙哨长守备卫千总赵先善一员，伤亡民人二名，受伤勇丁吴孝恩等四名，现尚医治未愈……❷

如此骄横无礼，实属亘古未闻。总兵章高元所属部队官兵对德军凶横异常、凌逼太甚、鲸吞无厌的野蛮行径义愤填膺。被伤毙兵民的挫辱，引起三军的激愤，纷纷表示请战，将"和睦众将，整饬戎行，尽慎竭诚，敢当先锋，勇图报效"❸。总兵章高元、巡抚张汝梅等请求朝廷与德国政府理论，并归还被扣留的枪炮；出使德国大臣许景澄就伤毙兵民事件，向德国外交部发出照会，德国政府也只表示惋

❶《总署收胶房营务处孙宝璋电》，青岛市档案馆、中国第一历史档案馆编：《胶州湾事件档案史料汇编》（下册），青岛：青岛出版社，2011年，第33页。

❷《总署收山东巡抚张汝梅电》，青岛市档案馆、中国第一历史档案馆编：《胶州湾事件档案史料汇编》（下册），青岛：青岛出版社，2011年，第45页。

❸（清）孙宝璋：《胶防营务处孙宝璋致天津督署、北京中堂和山东巡抚电》，青岛市档案馆、中国第一历史档案馆编：《胶州湾事件档案史料汇编》（上册），青岛：青岛出版社，2011年，第185页。

惜，且佯称清军军械是暂时扣留，等事后斟酌情势再与公使海靖商量归还。此事后来不了了之，清廷颓势即亦复如此。

迪德里希担忧这次动武会干扰和延迟德国与清政府进行的谈判并使第三国的介入干预有机可乘。动武伤亡行动违背了迪德里希所做的指示。迪德里希说："显然出自年轻军官们的可以解释和宝贵的求战的那种喜悦"。这个解释是迪德里希对这次有伤亡行动的默认，但是，迪德里希认为根据人道原则，必须完全严加限制。

12月3日，"依雷妮"号从香港到达青岛，这样整个东亚舰队的舰船在青岛汇合齐了（图7-30）。

▲ 图7-30　东亚舰队五艘舰船在青岛口汇合 ❶

12月6日，从即墨通过巡逻队和信使发现，清军部队已完全离开了德军要求占领的地区。因此进军纵队返回青岛驻地。

这个时候，电报联络又出现了诸多问题，迪德里希将其归罪于胶州城电报官员的恶意和贪婪。这就不得不寻求以邮政方式与公使馆进行联络，以消除由胶州城的报务人员对德国军事的或外交的业务往来当即造成的这种无礼的干扰。负责电报的官员破坏了机器并逃走了，在蔡厄与其部队于12月9日进入胶州城后，这个问题才得以解决，成功地在几小时后将就着又使电台恢复了工作。但之后不久，胶州及其邻台（沿上海和北京方向）间的联络又中断了，也许是逃走的报务人员所为。

值得怀疑的是，电报联络的破坏性中断是否由于德军针对总兵章高元及其部队所采取的严厉行动有关。从时间上分析，它们恰好同时发生，并且不畅的联络

---

❶ 阎立津编著：《青岛图像志：卷一·建置初期》，青岛：青岛出版社，2023年，第427页。

在这非常敏感的时刻，干扰了迪德里希与北京公使馆的联络。迪德里希通过海靖夫人邮寄的书信得知：通过海靖"和平调停"的辛勤努力，清总理衙门从最初的拒绝态度有所妥协。此时，清政府认识到，除了不能从德国的对手那里（英、法、美、日、俄等国），特别是不能得到俄国帮助和不能期待其将来的支持外（俄国本身也打算得到一块殖民地）。另外，根据公使的发来电报内容可推测，东亚舰队对总兵章高元及其清军部队的胁迫和紧逼，加速改变了清政府初始对德国强硬拒绝态度并做出妥协姿态。

12月8日，迪德里希收到海靖电报，这是一份以信使送达胶州的，也可能是12月6日从北京发出的电报说：

> 已经口头上答应了整个要求，以及占领可以一直延续到完全满足（这些要求）……即将书面签署，中国人建议举行有关转让舰队基地的谈判，并请求阁下避免采取战争措施。
>
> 海靖（签字）

12月12日，海靖来了对12月10日（12月8日以信使送达胶州的）电报的进一步通报：

> 我已得到（某位高官）对我们全部要求的承诺以及将让予我们港口。因此，现在正在寻求一种形式，以便能在保持中国政府自行决定的面子下让予。因此，请尽可能避免会引起中国人不安的一切举措。我们的目标是在整个行动后成为中国的最好朋友。
>
> 海靖（签字）

从海靖以上信函所表述的"我已得到（某位高官）对我们全部要求的承诺以及将让予我们港口"。这只能算是总理衙门的一位王爷或者大臣的个人口头承诺，此刻并不能代表清政府已完全妥协要出让胶州湾沿岸地区。本来东亚舰队占领青岛的借口是"巨野教案"，但是，在解决"巨野教案"所列"赔偿六条"的过程中，又提出解决"赔偿六条"与占领胶澳作为两案处理。但是，迪德里希和海靖均认为，此时首要任务是要稳固占领区局面，不能再与清军发生军事冲突和流血伤亡事件，要给外交谈判创造良好条件。因为蔡厄违背迪德里希的特别指示，在打死打伤清军士兵、对待俘虏及其财产非常任意和毫无顾忌地处置，尤其是海军上尉普尔（Pohl）指挥下的部队，在蔡厄的监视和受到了这种有害的影响下，做出了有损"德国体面"的行为等方面，归咎于蔡厄的狂热且放肆的行动，因此受到柏林最高当局以及迪德里希的反对，迪德里希担忧这样会葬送占领地区老百姓对德国人"良好意图的信任"。迪德里希在此对蔡厄的肆意妄为和屡次违抗命令提出严厉指责。

（十）向西方列强通报占领青岛

在占领青岛后，除了在外交层面与各国斡旋，迪德里希也接着向在中国沿海驻扎的英国、俄国、法国和美国的舰队司令以及香港总督等方面，就德国采取的步骤和宣示占领青岛的权利做了正式通报，并指出，对外国船只的"法律状态"将不会因此有什么改变（继续保持胶州湾开放状态）。1898 年 9 月 2 日，德国宣布青岛为自由港，向世界各国开放。

如前文所言，迪德里希认为，对于德国占领青岛的军事行动，西方报刊上起初一般都公认是"合理的和值得称道的"。《手记》原文记载：

尤其是英国的舆论，把对诡计多端且始终支吾其词的中国当局的果断的行动（占领青岛）强调为值得英国当局效仿。然而，不久便在特别是英国人主办的日本报纸上出现了对德国破坏和约和背信弃义的指责。而俄国方面的评论却变得友好了。

可从中得出结论，俄国渴望从清政府得到一个满意的补偿，而英国则变得醋意大发了，并出现了英国军舰将采取威胁行动的传言。

12 月 18 日，首先是英国巡洋舰"无畏"号出现在了青岛前锚地。舰上的军官和军校学生显然是在侦察这个地方，以了解德国在青岛的前景和意图。11 时，当这艘军舰离开锚地时，英国小型巡洋舰"阿尔及利亚"号到达青岛前锚地并停留了数日，在这期间与芝罘、长崎和上海进行了活跃的电报联络。但东亚舰队并无干预英国舰船停泊的行动。这两艘军舰在离开青岛后，都继续航行到芝罘去了。迪德里希认为这是一次英国冬季航行训练惯例，但在这个时间节点却十分引人注目。12 点，迪德里希得到消息，英国巡洋舰"达芙妮"号到达旅顺港并搜索了这个港口，随后便传出了俄国人占领该港口的流言。这些流言传得很快，显示了英国军舰的活动引人注目的缘由。

12 月 18 日下午 1 点，迪德里希为了对胶州湾南岸即今薛家岛范围（时属胶州管辖）实施占领，派了一支登陆部队沿陆路由青岛向胶州进发，再由胶州前往目的地。《手记》原文记载：

> 一位在办理运输工具时懒散且不顺从的地保和同样来自他村子的几个车夫之后被拘押了几天。这些车夫对部队的头头提出了非分的要求，他们不得不在军营干活来偿还他们多得的报酬。当地保被释放而我警告他将来要顺从时，我没法阻止他叩头，并难以使他站起来。在其他已经同欧洲接触过的中国人中，我从未看到过这种低三下四的样子。

迪德里希与其部队官兵对待中国老百姓的傲慢与偏见可见一斑。

🔺 图 7-31　东亚舰队登陆部队征用中国老百姓和车辆为其运送物资给养，水兵押送物资与运输队在途中歇息时合影 ❶

（十一）解决住房和衣食

东亚舰队在占领青岛后的主要工作之一，是为已经登陆的部队建临时住房，并为安置已宣布将来自德国本土的、在陆上长期驻扎的陆上部队（即后来的青岛第三海军陆战营）——1 155 名步兵和 303 名带野战炮的炮兵做准备，这也是权宜之计。1899 年开始考虑新建兵营来安置整个第三海军营，这项计划是按照当时先进的和符合西方标准进行建造，如依尔提斯兵营（1899—1901 年）、俾斯麦兵营（1902—1909 年）、毛奇兵营（1905—1909 年）。由于驻军人数达到 1 900 人，这

---

❶ 阎立津编著：《青岛图像志：卷一·建置初期》，青岛：青岛出版社，2023 年，第 491 页。

三座兵营都安置在当时的"郊外",拥有大面积的骑兵、射击和训练的场地。

东亚舰队在青岛采购建筑材料是很困难的,并且因为单靠上海只能提供很少东西,而这很少的东西并非都很好而且很贵,也不能期望从上海把所需的熟练工匠都招来,且上海好一些的中国工匠要价太过分。虽然在青岛及周边的村子找到了几个工具不全的匠人和泥瓦工,但他们始终只能在监督下做一些合适的工作。迪德里希认为,这不仅考虑到总会计署将来对预算控制而不能超标的情况,而且也考虑到需要极度努力地抑制中国工匠忘乎所以的要高价的态度,必须拒绝这样一些近乎敲诈的行为。因此,迪德里希最终要求舰队的机械人员、水手和水兵承担起所有要做的工作。而雇佣的中国辅助工、苦力数量足够,他们除了不讲卫生之外,其附属性是很突出的。尽管有一名军官封·比布拉(von Bibra)友善和审慎地负责领导这些中国雇工,但缺不了有居间的雇主去雇佣他们。这些雇主靠抽取这些挣钱不易的无业者一定比例的佣金生活。可笑的是,德国人想控制这些所谓"不法行为"的努力是徒劳的。例如,当附近一个渔村的人通过其地保向迪德里希诉苦说,如果他们不同意雇主从中抽取较大比例的佣金,将得不到工作时,迪德里希建议雇工们直接去找封·比布拉少尉或在工人分队中负责的任何一位下级军官就可以得到工作。但没有人来,相反德国人却发现,那个村子的人都在雇主的工人队伍中。

迪德里希《手记》原文记载:

> 也许狡猾的雇主在那些单纯的人面前胡说了些什么,说他们——那些对老百姓友好的雇主,如果不在支付工资时保护工人和瞪大眼睛看着的话,工人们从那些可恶的德国人手中会拿到假钱或拿到钱太少。前不久便在一个内地省份发生过中国人的狡猾和顺从的单纯与轻信的事。在那里有一个所谓代理商在向农民销售将来建设的汉口—天津的铁路工作分配单,一张一块银圆。在后来人们报名去工作时,他们却惊愕地被告知,这些所谓的工作票证是从一本英文《圣经》上(撕下的)纸页。

也许德国人不懂中国人的民风与世俗。

迪德里希着力改善清军留下的房屋、道路等基础设施。在建成的简易棚屋中,清除了烂泥后,装上了灯,装上了窗户,安上了炉子和柜子,并空出一些地方,准备了铺位即安装了吊床架;凡是建筑太薄之处便架起木板床,装上地板;

在相当硬的岩石中凿出厕所排污沟；净化日后用的水井并加上盖子，改建并加以扩大马厩；再密封各处透风漏雨的屋顶；此外还改善道路，装设照明汽灯，并安装电报机，还特别考虑设立浮标和建造登陆小桥，进行了水上测量。《手记》原文记载：

> 从这些不完全的大概列举中可看到多方面工作要求的紧迫性。也可从中看出，一艘军舰人员所具有的知识和技巧是多么五花八门。一切知识都用上了，即使不是巧匠也可满足暂时的需求。对一位德国目击者来说，最令人惊奇的是，大家普遍使自己主动参与工作的热情和不懈努力，以及承受困难和长期劳顿的快乐。

迪德里希基于紧迫性、工匠要价高、资金预算等方面因素考虑，动员所有舰队官兵自己动手建造房屋，改善基础设施，水兵承担起了工程兵和工匠的任务。

"圣诞节就这么到来了"，尽管士兵居住的棚屋尚未完工，而且寒风刺骨，东亚舰队的官兵们也要以德国方式在陆地上愉快和无拘无束地欢度这个节日。生长在胶州湾东岸山坡上矮小的松树虽然只提供了聊以充数的圣诞树，而且贮备的灯也只许可省着用。迪德里希说："但来自东京、长崎和神户等德国租界和在上海的德国人，对东亚舰队官兵充满爱心，慷慨地寄来大量捐赠品，使官兵们在异国他乡感受到了温暖，使疲惫的身心在欢乐的节日气氛中得到释放。"而且，在隆冬季节，由于德国驻东京的代理公使封·特罗依特勒（Von Treutler）的努力，为东亚舰队官兵在东京制作了合适和便宜的冬季大衣并及时调配从长崎运来青岛。《手记》原文记载："能迅速供应这些物资，代理公使封·特罗依特勒先生为我们人员的福利立下了功劳。就是说，在来自西北方蒙古的暴风雪呼啸地刮过青岛时，我们的人身着短大衣坚强地站在陆地上站岗值勤。"

（十二）"从冬眠中惊醒"的英、日、俄等国

12月30日，"奥古斯塔皇后"号（Kaiserin Augusta）大型防护巡洋舰（图7-32）在舰长、海军上校克尔奈（Kollner）的率领下，作为来自德国本土的首批增援部队（人数不详）和物资停泊于青岛前锚地，而随同到达青岛的海军上校封·施陶本·劳赫（von Stauben rauch）（图7-33），于次日接替了海军上校蔡厄担任的陆地指挥官的职务，蔡厄返回旗舰"皇帝"号。于是，蔡厄的"条顿人的发狂"被彻底遏制，迪德里希对于其"发狂"的秉性可能会惹来麻烦的担心便不

复存在。"奥古斯塔皇后"号大型防护巡洋舰替代"皇帝"号大型巡洋舰成为东亚舰队的旗舰。

▲ 图 7-32 "奥古斯塔皇后"号（Kaiserin Augusta）大型防护巡洋舰❶

▲ 图 7-33 海军上校封·施陶本·劳赫❷

尽管占领青岛可能引发的军事冲突暂时解除，但是，在外交层面与清政府谈判的分歧和国际舆论压力的处理不会顺利。外交斗争的情况首先是通过报纸文章激烈抨击的言辞显示出来。

《手记》原文记载：

> 对德国人充满敌意的这些文章主要刊登在日本报刊上，它们同时代表了英国及日本的利益。这如同在 12 月中提到的，从冬眠中惊醒的英国分舰队在舰队司令布勒率领下在（中国）北部集结，而不可信的谣言不久便出现在大连的一个海湾，后来又在旅顺口附近，不久又出现在巨文岛和济州岛。这显然是针对俄国意图的一着妙棋。俄国正在将其手伸向旅顺口并得到了中国政府的认可，它让五艘军舰在该处越冬，而其余的则停在附近和长崎。

对于英国舰队"从冬眠中惊醒"而采取的这些具有"试探性"和"挑衅性"的行动，迪德里希因当时信息闭塞而基于自身的判断：这或许是不可信的谣言。但是，他又认为必须对这些真假难辨、流传不确定的谣言事件和日本可能发动争夺胶州湾的战争军事准备给予重视。可是，此时的东亚舰队既无军舰可抽调也无

---

❶ 青岛市政协文史研究会编、车韬著：《世纪光影——照片中的青岛旧事》，青岛：中国海洋大学出版，2022 年，第 27 页。

❷ 阎立津编著：《青岛图像志：卷一·建置初期》，青岛：青岛出版社，2023 年，第 429 页。

军官可进行必要的侦察和甄别，迪德里希只能借助于公使馆和领事馆的帮助，他们随时准备向东亚舰队提供消息。但几个月后，迪德里希发现，若干询问并未达到目的，怀疑很可能是在电报线路中"丢失"了。

其时，英、日等国为自身利益，对德国在胶州湾及沿岸地区的既得利益已是虎视眈眈，并从中作梗，战争阴云笼罩在胶州湾上空。这从当时德国外交部方面的电文和奏章中可见端倪。

驻北京公使海靖男爵致外交部电（译文） 98 号

（北京 1897 年 12 月 16 日）

补充 96 号电报。

对我的肯定的声明——"除胶州外不能考虑其他海港"，中国谈判代表称：中国本来准备割让胶州给我们，但是英国公使（赛乐纳爵士）前日在总理衙门提出，倘让胶州给我们，英国也要求取得一个海口；日本也曾作同样表示，且其他各国势将接踵而来……

…………

英国公使刚才向我肯定地担保，他没有与华人谈起过割让一个海港给英国之事，对于我们不愿要一个华南海港则表示高兴。

海靖 ❶

外交部长毕洛致驻伦敦大使哈慈菲尔德伯爵 草稿 1541 号

（柏林 1897 年 12 月 19 日）

…………

在北京交涉的过程中发现一个特殊现象，即总理衙门几次提供给我们一个较南的海港来代替胶州。但是，我们都毫不犹豫地立刻加以拒绝，因为他们显然欲将我们送入所谓英国利益范围之内，因此与英国发生紧张关系。此外，北京帝国公使奉命告诉他的积极反对中国割让胶州权利的英国同僚说，为顾到我们对英国的邦交，我们曾屡次拒绝华人以一个

---

❶ ［德］海靖：《驻北京公使海靖男爵致外交部电（译文） 98 号》，青岛市档案馆、中国第一历史档案馆编：《胶州湾事件档案史料汇编》（下册），青岛：青岛出版社,2011 年，第 195-196 页。

南方海港交换胶州的提议；如果英国现在对我们在远离它的势力范围的胶州也加反对，则我们势将认为这种拒绝是一个错误。

…………

……即不管最近数年来德国遭遇到多少失望（英、俄为首的西方列强对德国在中国沿海谋得一个港口的干预），首先为了双方利益，最后也为世界的利益计，它仍坚决谋求将来与英国和谐合作之道……

…………

毕洛❶

外交部长毕洛呈德皇奏折
（1897 年 12 月 30 日）

……据我的意见，这完全靠我们自己抉择：是否一方面与俄人保持联系，但另一方面注意与英国有个适当的关系。这样仰仗陛下灵巧的及远见的行动，当一切列强见到德国在中国海上已获得的地位，他们在每一件事上也必然会向事实低头而不得不买我们的账。❷

从以上档案史料中可看出，德国与英、日、俄等这些国家间的交往是真真假假、尔虞我诈。英国和日本觊觎青岛已久，并且对德国占领青岛损害了他们的利益始终耿耿于怀。另外，如外交部长毕洛在奏章中奏明："一切列强……不得不买我们的账"，这是德国人的盲目乐观，并导致害人害己的结果。德占青岛 17 年后的 1914 年 8 月 23 日，日本对德国宣战，北洋政府则持观望之态，日本联合英国击败青岛德军。1914 年 11 月 7 日，青岛德军投降，日本占领青岛，直至 1922 年中国恢复行使主权。

（十三）军事威胁相助"巨野教案"赔偿谈判

"巨野教案"发生后，尽管清政府迅速按照德国开列的"赔偿六条"要求商

---

❶ ［德］毕洛：《外交部长毕洛致驻伦敦大使哈慈菲尔德伯爵　草稿 1541 号》，青岛市档案馆、中国第一历史档案馆编：《胶州湾事件档案史料汇编》（下册），青岛：青岛出版社，2011 年，第 198–199 页。

❷ ［德］布洛夫：《外交大臣布洛夫致驻东京代办屈乐尔电　草稿 22 号》，青岛市档案馆、中国第一历史档案馆编：《胶州湾事件档案史料汇编》（下册），青岛：青岛出版社，2011 年，201 页注释②。

讨办理，但在德国占领青岛一案正在密商的关键时候，曹州府又连续发生威胁传教士性命、传教人员房屋皆被劫掠和驱赶教民的事件，且在"巨野教案"事件中侥幸躲过一劫的传教士薛田资又在一次劫掠中半夜逃生。这又给德国占领青岛的外交谈判增加了筹码、军事威慑助长了气焰，也给清政府疲于应付此事件造成了新的障碍，以致发出"益难设处，以致国家受害"的哀叹。以下是关于此事的档案史料摘录。

德使海靖致总署照会

光绪二十三年十二月初五日

（1897 年 12 月 28 日）

为照会事。

本日下午五点钟，据济宁州电禀：现在曹州府滋扰，甚为危险，该处提督（曹州镇总兵万本华）将天主教民驱逐，甚至声言仍欲杀害洋人，惊吓人心，前此尚未了结教案，薛田资教士业已两次逃生，现又须夜半逃命，在曹州府如此相继旋生衅端，自无足怪……

……本大臣本日照会之案尚未结局，在满意本国之前，并不将所驻各地（青岛、即墨、胶州、薛家岛等地）让还，亦不将本军（东亚舰队及其登陆部队）撤回……将曹州府提督革职……或将来再须请将该有咎提督交驻胶澳德国水师提督（东亚舰队司令迪德里希）以便定罪之处，尚未可定……❶

总署致山东巡抚张汝梅电

光绪二十三年十二月初六日

（1897 年 12 月 29 日）

……胶案正在商结，曹州又有滋扰之事助其凶焰，益难设处，即希贵抚电饬曹州镇府毋滋事端，约束兵民，毋以虚声贾祸。并即出示城厢内外，照约保护教民。否则胶案固难善了，且别有要挟，勿再固执成见，

---

❶ ［德］海靖：《德使海靖致总署照会》，青岛市档案馆、中国第一历史档案馆编：《胶州湾事件档案史料汇编》（上册），青岛：青岛出版社，2011 年，第 54 页。

以致国家受害……❶

军机处寄山东巡抚张汝梅电旨

光绪二十三年十二月初七日

（1897 年 12 月 30 日）

奉旨：据总署抄递德使照会，今日曹州府又有驱逐教民，欲杀洋人之事。巨野教案正在将了，岂容再起波澜。着张汝梅一面查明确情，一面实力保护，出示晓谕兵民，如有滋闹者，即照土匪办理。速电复。钦此。❷

军机处寄山东巡抚张汝梅电旨

光绪二十三年十二月初十日

（1898 年 1 月 2 日）

奉旨：张汝梅电悉。昨谕将曹州镇总兵万本华撤任回省，该抚何得辄请暂留？著赶紧拣员接署。至曹州地方虽现无教案，仍著加紧防维，毋再生事。钦此。❸

公使海靖以清政府查办此案不力为由，声称要与清政府断交，并威胁要将德国事务委托东亚舰队司令管理，进行武力胁迫。清政府无奈，采取急迫措施，赔偿银两、承办凶犯、弹压兵民，将原山东巡抚李秉衡降二级调用、几次谕示新任山东巡抚张汝梅将曹州镇总兵万本华撤职等，以安抚德国人。但德国人虚与委蛇，赔款惩凶不是他们的主要目的，他们的目标是要将青岛据为其殖民地。

12 月 30 日，德国公使海靖电告迪德里希，询问能否在青岛采取军事示威行动，配合其在北京的外交谈判。于是，迪德里希决定采取威胁性行动，派遣登陆部队的特遣队占领胶州城和即墨县城。这次行动是准备在来自德国本土的首批陆

---

❶《总署致山东巡抚张汝梅电》，青岛市档案馆、中国第一历史档案馆编：《胶州湾事件档案史料汇编》（上册），青岛：青岛出版社，2011 年，第 56 页。

❷《军机处寄山东巡抚张汝梅电旨》，青岛市档案馆、中国第一历史档案馆编：《胶州湾事件档案史料汇编》（上册），青岛：青岛出版社，2011 年，第 58 页。

❸《军机处寄山东巡抚张汝梅电旨》，青岛市档案馆、中国第一历史档案馆编：《胶州湾事件档案史料汇编》（上册），青岛：青岛出版社，2011 年，第 61 页。

地增援部队随"奥古斯塔皇后"号巡洋舰 12 月 30 日到达青岛并整训后立即进行。迪德里希随即给胶州知州和即墨知县发去电报，要求他们为德军特遣队准备房屋作为军营，输送交通工具等，并威胁要采取更强硬手段。以下史料佐证德军的威胁行动。

总署收胶州来电

光绪二十三年十二月初九日

（1898 年 1 月 1 日）

　　光绪二十三年十二月初九日，收胶州来电称：顷接青岛德提督来电。胶州知州罗大老爷：前具信函请贵州速为示复。本提督数日内派德国兵数百驻胶州，请贵州预备房屋。再请贵州即刻发付或大车或轿车十辆来青岛。如车起行时，请来回电。提督棣电等语，特此电闻。勋。禀。❶

　　1898 年 1 月 3 日，来自公使海靖的消息，迪德里希致胶州知州的电报已经由总理衙门立即送给了海靖。其中，迪德里希在电报中还威胁胶州知州罗志伸说："如果中国人不顺从的话，就要对中国人更狠一些。"迪德里希认为，清政府迫于德国政府压力，了结"巨野教案"赔偿要求，是他采取军事威胁的功劳。《手记》原文记载：

　　于是得到进一步让步，迫害传教士的那位总兵被撤职了，这个事件解决了。照此办理如果压力会很快达到意想的效果，则另一方面说明，用强制手段来达到我们的目的还是必要的。

　　1 月 8 日，迪德里希派出特遣队，向胶州城派出了二名军官和 92 名士兵；向即墨城派出了一名军官和 50 名士兵。德军特遣队按照迪德里希的命令，对两地官员住处实施了警告性鸣枪。而这两地的官员给迪德里希传来紧急电报，请求撤除包围部队，但遭到迪德里希的拒绝，并一直保持着高压态势。

　　1 月 10 日，公使海靖发电报给迪德里希说："占领两座县城对于迄今有关修铁路权和开矿权细节的谈判有极好作用……"。

　　为此，1 月 12 日，直隶总督、北洋大臣王文韶致电总署：

---

❶《总署收胶州来电》，青岛市档案馆、中国第一历史档案馆编：《胶州湾事件档案史料汇编》（下册），青岛：青岛出版社，2011 年，第 45 页。

顷接胶州电局委员报称，今午有德兵数百到胶城，车载行李，人物甚多，颇似久居情形。闻尚有大队来胶之说，先此电闻，等因。胶议如何，外间尚无闻见。据报情形，事有关系，合亟述闻。韶。效亥。❶

由于德军登陆部队驻扎胶州城和即墨城，在采办物资时受到商人哄抬物价的不公平交易，在德军认为是欺诈行为而向衙门告状，知州和知县只好颁布告示向老百姓警示。例如胶州知州颁布的告示（译文）：

胶州属下知县布告

在我（罗志伸）先已与他们（德军）就此达成一致之后，现在德国官员（《手记》原文对"官员"的解释：文官的职衔在中国高于武官的职衔，士兵则备受人藐视，他们是从老百姓的败类中招募的）和部队住在胶州城（《手记》原文对"住"的解释：为了他们的面子用了这种粉饰的空洞言辞）。由于该国（德国）法纪严明，因而其士兵保持安宁，绝无胡作非为，故中国老百姓无需丝毫怀疑和恐惧，而应一如既往从事自己日常的生意。如果德国部队想采购任何种类食品和东西，应与他们公平交易，不得抬高价钱，以免产生争执。因此，我颁布这项布告使全县的老百姓周知，以便你们大家平静且在服从法律之下继续生活且不致轻率酿成事端。如果德国士兵希望购买食品和东西以及各种用具，则你们只能要求公平价格，并且不得有意哄抬价格。如果有人胆敢违抗，则他将随时承担后果并将严惩不贷，绝不宽容。

一体周知和遵照执行！

迪德里希对这个告示的行文表示轻蔑。《手记》原文记载："作为对老百姓布告时中国风格的一例。这是一个软弱政府的用词花绡的夸夸其谈的表达方式。"

（十四）英国舰队旗舰到访东亚舰队

1月14日，英国旗舰"百人队长"号驶入（青岛口锚地），使东亚舰队官兵经历了一次小小的意外。《手记》原文记载：

这位在整个（中国）沿海都受到高度评价的可爱的舰队司令布勒，想亲自来看一看我们（东亚舰队）的所作所为。他利用了他即将调任的

---

❶《总署收北洋大臣王文韶电》，青岛市档案馆、中国第一历史档案馆编：《胶州湾事件档案史料汇编》（下册），青岛：青岛出版社，2011年，第54页。

机会，以符合他的骑士般的性格做这样的个人告别。而且他还带了一大
批在臣文岛猎获的野鸡作为礼物，就我们非常单调的伙食而言，这一点
受到了高度评价。

在"百人队长"号到达小青岛附近海面抛锚之际，迪德里希正好在青岛陆地
上，快到晚上才回到旗舰"皇帝"号，而该舰已返回潮连岛锚地。迪德里希对于
没能亲自迎接英国舰队司令布勒的到来感到很遗憾，他不想使这次受到欢迎的且
在如此特别友好形式下进行的访问得不到回访。于是急忙调派船只，载着他尽可
能快地驶向英国军舰。迪德里希沿舷梯攀登上"百人队长"号的甲板，在该处既
没有发现下级军官也没有发现岗哨，只在通往船舱的路上迪德里希才被要求停住
然后通报。迪德里希认为英国军舰勤务纪律如此松懈，感到不可思议。这样的例
子，即使是在有着连续几百年航海经验、组织得如此之好的英国海军勤务中也会
发生，而且无论是在英国基地还是在中国基地，有着严格纪律的军舰上出现这种
瞬间的麻痹大意，在危急情况下都会酿成大祸。这种情况"是把果敢寄予希望"，
并将成功押在这样一种希望身上，反映出当时英国军人目空一切和无人敢撼动的
骄横。

（十五）中国农历新年期间增兵即墨城的军事行动

中国春节即将来临，连续多日的节庆期间没有苦力干活。

外交谈判在这个时期达到一个临界点，总的形势严峻且前途暗淡。在公使海
靖的一封电报中写道：

这里的局势因俄、英冲突尖锐化……此外中国政府前天发表了一份
向我们承诺保护传教士的圣旨，与前承诺文字大为不同，我提出了强烈
抗议……今天广州领事馆来电，新教传教士遭到抢劫并受了伤……

由于有迪德里希军事行动的配合，海靖在北京的谈判步步紧逼、态度更加蛮
横，可谓肆无忌惮。以下是海靖1月17日提出的"明发谕旨与贵王大臣所允之意
不符"共计"五端"的抗议照会。并于1月20日又连发抗议照会，强硬地提出
了与贵王大臣面谈所允与照会所列条款不符之意"四端"，就"赔偿六条"相关
条款再向清政府发难。

总署收德国公使海靖照会

光绪二十三年十二月二十八日

（1898 年 1 月 20 日）

*十二月二十八日，德国公使海靖照会称：光绪二十三年二十七日（1月19日）准来文，以本月二十三日（1月15日）明发谕旨各节不符，等因。查此事贵王大臣原自依允，及读谕旨，并未宣明在山东德国教士被杀，中国甚堪惋惜之意，此一端也；又贵王大臣依允，上谕未提被杀教士，中国已许建抚恤教堂二处，此二端也；又贵王大臣依允，谕旨并未特意宣明，嗣后德国教士再有被害情事，均归该地方官是问，此三端也；又贵王大臣依允，李秉衡不可再任大官，上谕亦未言及，此四端也。总之以前上谕四端，与贵王大臣前所面谈及照会允许之意不符，实属违背应许之意。现在，本大臣与贵王大臣均同心知此不符之意也。至贵王大臣所指之意，按所定允逐款明发上谕，未便奏请，因中国从无此例等语。查情形如此，贵王大臣现在未能按应许之意照办，不如早不应许此法也。如贵王大臣面商之时，言明本大臣所拟之意，中国臣工未便奏请明发谕旨。彼时或者可另商别法抵补上谕，现恐迟延过久，或须特意请按允许各款照办，本大臣暂置之勿论。惟如贵王大臣或另有别法，本大臣亦无不商办。所有此案之外紧要之事一件，本月二十六日本大臣已经照会，二十七日准贵王大臣照复在案。此事应商法，照宜赔补，想贵王大臣亦当洞悉也。*❶

1898 年 1 月 19 日，芝罘领事棱茨给迪德里希发来电报：有传言说清军部队可能会袭击驻青岛的德军及其附近的岗哨。因此，迪德里希命令加了双岗，所有官兵随身携带武器，即使是到工地去也不例外，并对胶州和即墨驻军提出告诫。

1 月 20 日，驻上海总领事通知迪德里希，在距即墨城以北几十千米的平度城，清军部队集结的迹象。这个消息与先前来自芝罘的消息一致。上海的消息来源是

---

❶《总署收德国公使海靖照会》，青岛市档案馆、中国第一历史档案馆编：《胶州湾事件档案史料汇编》（下册），青岛：青岛出版社，2011 年，第 62-63 页。

日本（驻上海）总领事馆，他们在青岛有谍报人员。迪德里希认为，来自日本总领事馆的消息是完全可信的。《手记》原文记载：

因为我从未怀疑过，其他国家也会出钱在青岛长期雇用中国探子或谍报人员。几个中国人由于搞阴谋活动和捣乱而不得不被驱逐出去。

在过年的这些天，迪德里希偶尔在高地营区附近看到两个中国人，他们是骑马来的，他们穿着当地不常见的体面服装。他们下了马并对营地和附近忙碌的德军士兵们观察了一会，然后也许是发现有人注意到了他们，便骑上马向来时的路线往北的方向走了。迪德里希认为他们是政府官员或清军军官，因为他们并没有触犯德军，所以没有理由截留他们。同时，迪德里希派了一位中国翻译到平度进行侦察，等待他回来要在三天之后，而且对他的报告还得存疑，但目前并没有别的办法澄清局势。

1月22日是中国农历正月初一。21日（中国农历腊月二十九，即除夕）晚，很晚从登陆部队指挥部给迪德里希送来了报告称，为德军服务的一位中国翻译在一家鸦片馆中听到一个谈话，一位扮作苦力的清军高级军官对青岛的德军营地进行了侦察。这件事与之前迪德里希观察到的情况并非一回事，说明清军派出多股力量对青岛进行渗透侦察。与此同时，迪德里希将通过各个渠道打探来的消息进行汇总分析，对清军部队在青岛周围的规模和动向也有了解。清军驻在平度的约18个兵营有近1万名士兵；此外，在胶州和即墨两城还有扮作农民和工人的小股士兵，作为对其士兵们在春节假日期间用于战斗行动的补偿。清军部队已经提前放了三天假，准备在春节期间，将要袭击驻这两座城的德军特遣队，然后可能对青岛采取进一步军事行动。

迪德里希认为，以上秘密打探来的消息，如同来自北京、芝罘和上海的电报一样，其真实性难以得到确认。但是，表面上彼此独立渠道来得这么多报警消息汇聚一起，需要引起足够的注意和谨慎。毫无疑问，在中国的春节期间非常适于进行袭击，因为在春节这几天，胶州城、即墨城所有街道都很嘈杂和全是爆竹声，而且在人群拥挤之下闹事不会引人注目。尤其是新月下黑暗的夜里更有利于这样的袭击行动。

《手记》原文记载："黄种人的狡诈和反复无常是尽人皆知的，中国政府的两面派亦然。对中国人来说，在（德国本土的）陆地部队到达（青岛）之前对（德军）采取袭击行动可能显得更好。"这是迪德里希个人对中国人的污蔑，当时以迪德里希和海靖为代表的德国人，他们对中国人、清政府进行欺诈，他们的欺软怕硬和侵略性更胜一筹，这单从占领青岛这一方面已表现得淋漓尽致。

1月21日（除夕）午夜时分，迪德里希决定，无论如何要确保特遣队免遭意外。于是，他把东亚舰队的指挥官们召集到一起，命令海军少校布鲁萨提斯（Brussatis）率领一支配有两挺机枪的200人增援部队派到即墨城去。

🔺 图 7-34　德军在即墨城南门前广场上操练 ❶

《手记》原文记载迪德里希为这次行动所拟的命令：

> 根据我所能看到的，我的部下把我的这些防卫措施认为是多余的或至少是很过分的。我的出色的副官在同指挥们聚会后很晚才度完假回到舰上。这一点从他一反往常的习惯，在起草必要的命令时马马虎虎可以看出来。我接着让他给布鲁萨提斯少校本人起草了命令。作为我对当时局势理解的证明，我口述让他在命令中详细写道：

> 我给予阁下任务：天一破晓着即带领200人，其中130人来自"皇帝"号，70人来自"威廉亲王"号，以及两挺机枪（每艘一挺），迅即赶赴即墨。所有人员每人除携带武器和180发子弹外，只许可携带一天口粮、一床毛毯、一双轻靴和一双长筒袜。尽可能加速行军，当天赶到即墨。登陆部队指挥部得到命令，除了拉机枪的牲口外，在7点前，至少要安排四匹乘马和必要数目的骡子在栈桥营地；但即使缺少乘马，也

---

❶ 阎立津编著：《青岛图像志：卷一·建置初期》，青岛：青岛出版社，2023年，第509页。

不得延误出发。所缺的马匹由登陆部队指挥部事后送去。弹药、毛毯和食品的补给应尽可能快地由登陆部队司令部事后送去。无论如何要尽早，在明天可到达即墨。帕斯陶海军少校也要从胶州带100人去即墨，您接手指挥全部舰上下去的人员。您可从该处侦察，在我们地区（即墨和胶州）或在其附近是否有中国部队。把在我们区域中的中国部队赶出边界。

如果侦察（证实）有大量中国部队存在，其意图可能是攻击我们阵地，则您要把您率领下的所有人员撤回青岛。如果直至24日一早侦察未见什么可疑情况，则应率领200名"皇帝"号舰人员和100名"威廉亲王"号舰人员连同四挺机枪留在即墨。然后阁下带领其余人员返回青岛。

我希望每天收到一份有关即墨局势的报告。来到规定地点报告的一位信使将一起从这里出发。登陆部队的指挥得到同样的命令。

全体人员在即墨将驻扎在原有的城墙内。目前应特别注意防止被袭击。要利用县政府（即墨县衙）尽可能严地检查对外交通。为此，劝令屋主挂出牌子，标明房中人员的年龄和情况为宜。期待明天看到阁下的第一份报告。

封·迪德里希（签字）

迪德里希在以上命令中所称的"我们地区、我们区域、边界"等区域名词，是指当时迪德里希将胶州和即墨两地均划为德军武力占领控制区域，并以此来作为占领地区北部的边界。海靖在谈判中欺诈清政府，若答应全部赔偿条件即可胶澳退兵，迪德里希又对胶州、即墨不断增兵相威胁，为争得《巨野教案》赔偿，并为胶澳租借地谈判增加了砝码。对此，1月22日，山东巡抚张汝梅致电总署明示：

前奉皓电（1898年1月11日总署致山东巡抚张汝梅电），就德提督原占地图内退还胶州城及他岛岸，只就澳口周遍百里为度，等因。顷据登莱道电称，据该牧探得青岛、胶州、塔埠头三处，均在划界之内等语，殊与退还胶州之议不符，且并未将即墨城剔除。究竟原议胶州、即墨全

城是否在内，请电示。汝梅谨肃。艳。❶

1月22日（正月初一），这支部队经过连夜准备，先头的100名官兵早上7点开拔，只携带了枪支和有限的行李，这样在天黑前便可到达相距50千米的即墨城。上午10点，再有全副行李和辎重的100名官兵跟进出发。迪德里希还命令海军少校帕斯陶率领的驻胶州城特遣队撤至即墨城，合兵一处，利用即墨城高深的城墙壕沟做抵御，增强青岛外围的防卫力量。此次军队调动和行军的理由是一起庆祝皇帝的生日（威廉二世生日为1月27日）。

迪德里希为即墨和青岛之间配备的对外联络专门方式，加强了对即墨城住户的警戒；命令"柯莫兰"号警戒附近海岸的帆船交通有无运送清兵的动向；动员在青岛剩下的所有舰员对青岛营地加强警戒。

1月22日，在这种情况下，迪德里希收到了本土的海军陆战部队步兵营（即驻扎青岛的第三海军陆战营）已于22日到达香港的消息。

迪德里希在1906年整理《手记》时，对于他率领东亚舰队武力占领青岛的辩解，原文记载：

> 今天，在义和团起义（1899—1900）造成了多国的重大牺牲之后，某些人（国内反对武力占领青岛的人）将会改变对我采取的措施的看法，无论如何我都会始终在相同处境下以同一认识行事。按1900年的经验，如果当时（1897年11月14日—1898年3月6日）我们觉得来自中方的攻击可能比今天要小得多，那我也不会使交付给我的士兵遭受可能的无谓伤亡。另一方面，在经受了严寒冬季的出乎意料的急行军，住处全然不足、给养困难的在即墨的军官和士兵中，出现不同于负责的舰队司令（迪德里希本人）对有关命令必要性的不同认识，是可以理解的。然而不久这种好的理解就将遭遇小小的挑战。

迪德里希自信地认为，他所执行占领青岛的所有军事行动是一以贯之、是非常必要和正确的，最初国内的反对派也会改变对他的看法。

1月22日，增援部队在到即墨的行军途中，并未与清军部队遭遇，到处都是一片寂静。按当地农民的说法，应该有2 000～3 000人的清军部队驻扎在胶州城

---

❶ 《总署收山东巡抚张汝梅文》，青岛市档案馆、中国第一历史档案馆编：《胶州湾事件档案史料汇编》（下册），青岛：青岛出版社，2011年，第63—64页。

以北大约 5 里处。而即墨的地方官员对这么近处有清军官兵竟然一无所知，因此，认为这些农民的说法大多来源于不可信的传言。

《手记》原文记载迪德里希对清政府官员的一个评价："那些必须负责代表其政府利益，而且惯于盲目听信其前任种种说法的官员们的保证，其可信度远不如农民的废话。"对迪德里希而言，宁可信其有不可信其无。

1 月 24 日早，信使送来海军少校布鲁萨提斯报告说，应他的要求，即墨县令同意德军搜索县城以及周围 30 ～ 40 里的村子有无隐藏清军士兵，结果什么也没有发现。两位军官骑马向北走了约 25 里进行侦察，也没有看到什么可疑之处。迪德里希认为，前边提到的由各个渠道来的警报传言，当然不会因调查结果而被难以相信，从而放弃警戒，必须耐心等待要发生的不寻常情况。

（十六）德军士兵在即墨城寻衅而被杀事件

在刚刚交付了报告后几小时，迪德里希收到的第二份报告说德军一位哨兵于 23 日夜间在即墨城门前被杀。《手记》原文记载：

> 这不得不严加干预。为了我们的尊严和我们的安全，要求对此罪行给予快速赔偿，但不应因过分的暴力行为，为中国人提供使北京谈判复杂化的借口。

因此，迪德里希向少校布鲁萨提斯下达了命令：

> 地方长官（即墨县令）要负责抓获杀人犯。要监督他（朱衣绣）并告诉他：如果罪犯不在本函公告后三日内抓捕归案，并在之后两日以杀人罪被判决的话，即墨县要在 8 天内缴纳 10 000 两银子的特别费。
>
> 我们坚决要求，知县将罪犯按中国习惯判处死刑，并按中国方式实施惩罚。如果杀人犯被抓住而县令违背（我们的）意愿拒绝判决和实施惩罚，则我将送他进战争法庭进行惩罚并应作速向我报告。如果继续对我们的人员进行袭击，则我们将把若干德高望重的人扣作人质并带到这里（青岛）来。

迪德里希立即将此事件通报给公使海靖，并向清政府施压。

总署收德国公使海靖照会

光绪二十四年正月初四日

（1898 年 1 月 25 日）

正月初四日，德国公使海靖照会称：查德国兵驻地附近之处，聚会中国兵卒一事，本大臣今日照会贵王大臣，言明此办法甚为不善等语。该有见于现在一事，特为贵王大臣详陈之。本月初二日夜间，在即墨城内，德国防守兵一人被杀毙。本国水师提督（迪德里希）属令即墨地方官严拿凶手，照律惩办，给三天为限，不然提督罚即墨城银一万两，及本国拟另外设法勒令。且本大臣特备文知照此事，殊堪惋惜。先应俟候贵大臣拟议办法。如何以便补偿，方能再商可也。为此照会。❶

迪德里希认为，使人怀疑的是，这样的不幸是否原本可通过采取谨慎的预防措施完全可以避免。但是，迪德里希当时对他部下的印象是普遍具有过分的优越感和安全感，肯定多少与此不幸事件有关。迪德里希曾下令规定对所有不安全的岗哨加派双岗。也还有附近城门上方第二个德军士兵持枪站岗，他听到枪响从城门顶跑下来到达死者之前也只需几分钟，但他到达现场时却完全没有看见行凶者。

在德军士兵被杀死后，对于迪德里希和他的士兵来说，即便是一些无关紧要的小事，都要十分的小心和戒备，一有风吹草动就会引起新的不安。更担心因此发生群起反抗德军的连锁反应，此时对于德军来说可谓草木皆兵。

1 月 25 日早晨天很暗，青岛海岸边响起了枪声，军舰用探照灯对海岸进行了徒然的搜索。经询问后才知道，栈桥营地的岗哨发现有一群人向他走来，且不回答他的口令也不站住，于是向这群人开了枪。后来据当地老百姓的说法，这些约 20 人在岩石间登陆是来担水。其中有几人受枪伤，第二天在距青岛几千米岸边的棚屋中被发现，他们拒绝德军医生救治。这件事也没有完全搞清楚，似乎是岗哨因一天前驻即墨士兵被杀的消息造成了神经紧张所致。

1 月 25 日，从即墨传来了发现五箱 100 支老式步枪的消息，这些枪是在靠近

---

❶《总署收德国公使海靖照会》，青岛市档案馆、中国第一历史档案馆编：《胶州湾事件档案史料汇编》（下册），青岛：青岛出版社，2011 年，第 64-65 页。

德军士兵住处的一座房子的围墙内发现的。县令朱衣绣解释说，是一位商人购置了这些枪用来对付盗匪的。这并非不可能，但也无法证实。最后还在沧口附近的一个小港口拦住了几个船工，他们在岸边以手枪练习射击，并把大炮和武器装到他们的帆船上。他们说，这些武器是对付海盗的。迪德里希认为这总还是可信的。之后就放他们走了。

1月26日，按预定计划，来自德国本土的1100名海军陆战部队步兵营官兵，在封·洛索夫（von Lossow）少校率领下乘"达姆施塔特"号轮船到达青岛，受到迪德里希的热烈欢迎。尽管卸下的器材很少（小木艇和驳船共33只），但这些官兵连同行李和弹药直到下午4点才都卸到岸上，装载的其他物品从28日才开始卸。27日由于庆祝威廉二世皇帝的生日和全天在严寒中刮着少有的强烈沙暴的缘故而暂停卸货作业。尽管有这些暴风天气，但是，为纪念这个日子，迪德里希还是在演兵场（今青岛火车站广场附近）组织德国在青岛的水兵和步兵部队举行了首次阅兵（图7-35）。

▲ 图7-35　迪德里希组织德国在青岛的水兵和步兵部队在栈桥西侧演兵场举行了首次阅兵❶

迪德里希打电报给驻北京的公使：

在平度，据多方消息称聚集了几千人的中国部队，因此我把特遣部队从胶州集结到即墨城。1月26日，1 100名步兵到达。我意在重新和更坚定地占领胶州城。请通知总理衙门，部队将集结于被占领区附近，将越过迄今我所承诺的边界。因此，中国政府以将部队从平度撤走为宜。

---

❶ 阎立津编著：《青岛图像志：卷一·建置初期》，青岛：青岛出版社，2023年，第482页。

1月26日，杀死德军士兵的案犯被抓获并供认了罪行。按照即墨县令朱衣绣的说法，杀人者是一个名声不好的手艺人，在城门内开有一家铺子，以制作牛角用具为业，这位被杀的德军士兵就在其门前站岗，杀人动机不明。查验行凶现场情况，显然是从后边用一把锋利的大刀砍伤德军士兵的脖子且刀伤两处而致毙命。杀人者也提供了相应的雕刀。而被杀的德军士兵当时还用他的枪开了火，但似乎是下意识和无目标的，肯定未伤及他人。在后来的审讯时，起初这个杀人者说是纯个人原因的，如德军士兵侮辱了他的父亲，偷了他铺子的东西，等。后来，他又撤回了这种说法并拒绝提供其他信息。

▲ 图7-36　即墨县令朱衣绣等清官员与德军军官合影 ❶

即墨县令很快对凶犯进行了判决，实因德军士兵夜间擅闯民宅，按清政府法理，凶犯罪不至死。但是，迫于迪德里希命令的压力，县令佯称不敢擅自做主，只好推诿说若实行死刑需要济南府巡抚的批准；而山东巡抚借口说，没有北京的授权不能判决死刑。山东巡抚认为此案牵扯德兵，在是非胶着时期并非一般凶案，所以立即电告直隶总督、北洋大臣王文韶：

　　　即墨城内杀毙洋人一案，昨已电陈。顷接即墨县禀，已获正凶李象风，并起凶刀。会同洋员讯，因洋兵打开伊门起衅，现洋员急欲就地正

---

❶ 阎立津编著：《青岛图像志：卷一·建置初期》，青岛：青岛出版社，2023年，第517页。

法。可否照办，请示等语。查中国律载，黑夜无故入人家内，主家登时杀死勿论。已就拘执而擅杀者，徒三年。应否照律拟办之处，乞代奏，请旨遵行。汝梅叩。鱼。❶

如前文所述，迪德里希没有提及其士兵夜间擅闯民宅是违反清政府法律的行为，显然是避重就轻；按照清朝法理，该犯在此等情况下只应判三年徒刑。

1月29日，就此事件，总署发给公使海靖照会称，是会同德军人一起审讯此案。起因是德军士兵黑夜打开凶犯家的门寻衅滋事而被伤身死，其中必有其他详细情节，应该等待查明详情，获取确凿证据再行定罪。德国公使海靖忽然听到谣传，尤其说所抓获的并非真正凶犯，所以，这次即墨案犯的罪行，自然应该审慎定拟。

1月31日，迪德里希得到海靖答复：

总理衙门拒绝在借口下处罚即墨城被抓的杀人犯，同样对部队在平度的集结做了答复❷。（这个拒绝使人怀疑，因为中国向来都是急匆匆地极快和大声申明来驳回无理的指责。）直截了当地拒绝了有关我们（修筑）到沂州府的铁路和对山东进行经济开发的优先权的愿望。如果吓唬中国人并无论如何使之确信，在满足我们的要求之前免谈撤出胶州和即墨一事，这倒是很值得的。

海靖所提到的"吓唬"就是赤裸裸的欺诈。

由于按照清政府的说法，在没有弄清楚前因后果和取得确凿证据的情况下，拒绝处罚凶犯。迪德里希不顾大清律法和清政府的拒绝，立即让布鲁萨提斯少校按照德军军法进行审判。

2月1日，迪德里希为了使原驻即墨城的官兵得到安慰，使凶犯对他们的战友"所犯下罪行"的赔偿得到证实，组织的所谓军事法庭开庭审判凶犯，并判处凶犯枪决。迪德里希骑马到即墨，以便立即批准和监督执行这个中德双方暂时还存在很大争议的判决。当迪德里希到达即墨城时已经是晚上，因此把执行判决推迟到次日。

❶《总署收北洋大臣王文韶电》，青岛市档案馆、中国第一历史档案馆编：《胶州湾事件档案史料汇编》（下册），青岛：青岛出版社，2011年，第65页。
❷ 总署发公使海靖照会称："况平度相离所议租界尚远，似无碍于贵国军驻之地。"

《手记》原文记载：

县令在拜会我时，应受刑杀人犯的恳求，请求对此人砍头，因为枪毙有违这个国家的风俗习惯，而他在这样一种行刑情况下不能保证平静和安宁。我很乐于看到实施由中国法庭判决的行刑（应为我很乐于看到实施由清政府法庭"执行的方式"行刑）。我注意到这是个很质朴的老人，他的要求违背德国的法律；但为了遵从他的意愿，如果这次行刑到早上7点钟由中国当局进行，我现在还要许可他砍头。过了这个时间将按军事法庭的要求来做。

由中国当局行刑给老百姓留下更深的印象。它说明，是自己的政府来谴责对我们的人员阴险的杀害，并让杀害者受到惩罚。因为它没有力量防止其臣民这样行动的后果，中国政府将永远不会为其人民承担责任。因此，我也排除了早先对这种事件的军法处理。

然后，杀人犯也在行刑场上当着聚集的（德军）士兵和县令的面由一位中国刽子手砍下了头。在场的并不多的中国人阴沉沉地注视着。

从我们的翻译克勒普斯先生偶然听到的中国官员的说明中可以知道，这位动作很熟练的刽子手来自省城济南府。刽子手的上司巡抚已经考虑到了对我们要求让步的必要性。

在总署于2月5日发给德国公使海靖照会中称："即墨案犯李象风已于本月十四日（2月4日）奉电旨饬令即行正法。"❶

（十七）轰动京师的德兵毁坏即墨文庙圣像案

1898年1月22日（正月初一），临时驻扎在即墨文庙（图7-37）的一股德军士兵将文庙内孔子圣像四体破坏，并将先贤仲子（仲由，字子路，是孔子早期最著名弟子之一）塑像双目挖去。对于这一重大事件，即墨县令朱衣绣竟然隐匿不报。

❶《总署发德国公使海靖照会》，青岛市档案馆、中国第一历史档案馆编：《胶州湾事件档案史料汇编》（下册），青岛：青岛出版社，2011年，第70页。

🔺 图 7-37　即墨文庙大门 ❶，图中有两位德国人在牌坊前交谈

　　1898 年春，适逢戊戌科会试，各地举人云集北京。4 月 22 日，即墨举人黄象毂串联 103 名山东举人，联名上书都察院，告发德兵毁坏即墨文庙圣像一事；在京参加会试的孔孟后裔孔广寒、孟昭武等 17 人亦借机联名上书都察院《为残毁圣像，任意作践，公恳据情代奏折》。都察院连接两份言辞激昂的上书后，认为事关重大，当即由堂官左都御史裕德领衔，全台署名，将两份上书一并呈递给光绪皇帝。一时间，京师舆论哗然。当时正处于戊戌变法前夕，当康有为、梁启超等人得悉侵占青岛的德国士兵毁坏即墨县文庙圣像事件后，发表了一封言辞激切的公开信，鼓动各省举人联合行动，维护孔教尊严，以挽救中国之危亡，史称"第二次公车上书"。5 月 3 日，以康有为的弟子林旭为首的 369 名福建举人首先响应，他们联名向清廷递交了《为圣像被毁，圣教可忧，请饬总理衙门责问德人公呈》。自此之后，士子上书不断，康有为的得意门生麦孟华、梁启超等人领衔，831 名广东举人联名签署的上书，各省举人及京师官员前后在上书中签名的达 2 000 余人次，其影响迅速扩大到全国，使这次公车上书达到了高峰。他们把即墨文庙圣像被毁事件的严重性，提到了保卫孔教，维系人心，立本强国的高度，严正指出："割胶不过失一方之土地，毁像则失天下之人心，失天下之圣教，事之重大，未有过此……责令查办毁坏圣像之人，勒令赔偿，庶可绝祸萌而保大教，存国体而系

❶ 阎立津编著：《青岛图像志：卷一·建置初期》，青岛：青岛出版社，2023 年，第 280 页。

人心。"❶以此事件为契机的多次上书，为康有为、梁启超等人推行维新变法起到了推波助澜的积极作用。清政府在舆论的压力下，不得不向德国交涉，着东亚舰队司令迪德里希向我方赔礼道歉。即墨知县朱衣绣也因对此事隐匿不报被革职，此事最后不了了之。这便是轰动京师的德兵毁坏即墨文庙圣像案。

（十八）第三海军陆战营接管陆上军事行动

2月2日，驻守即墨城的部队（即由东亚舰队水兵组成的特遣队和增援部队合成的队伍），由来自德国国内的海军陆战步兵营士兵换防，继续向清政府施压。

自2月2日开始，即墨和胶州两城，以及后来整个租借地的驻防由海军陆战步兵营（第三海军营）士兵担负。东亚舰队的登陆部队（水兵）官兵撤回各自舰上。

按照公使海靖新的通报，清政府有"轻易德国国家公辞之意"，尚始终"顽固"地抵制德国的要求等语。如从公使海靖发给总署的照会中可见，清政府对德国无理的和层层加码要求的抵制。

总署收德国公使海靖照会

光绪二十四年正月初十日

（1898 年 1 月 31 日）

正月初十日，德国公使海靖照会称：光绪二十四年正月初八日，准贵王大臣照文均已阅悉。查此文法，德国万难依从。缘山东省盖造铁路、办矿务等事（非与德国预先商妥不可）……贵王大臣来文将此意极力推却，在本大臣视之，若中国颇有唐突，轻易德国国家公辞之意……

…………

……本大臣已屡次称明，前上谕未宣明在山东德国教士被杀，中国甚堪惋惜之意，并未提及被杀教士中国已许建抚恤教堂……背违应许之意如此，于德国教案（巨野教案）仍未了结……

……且有德国兵士服我皇帝赐与（予）戎服当差者，被凶手暗害。该犯业已拿获，乃贵衙门怠慢本国，借端不肯札行立斩，以令本国自行

❶ （清）梁启超等：《呈请代奏查办德人毁坏圣像以申公愤稿》，张玉亮整理：《戊戌四子集》，杭州：浙江古籍出版社，2019 年，第 75—76 页。

办理。同时在广东省有德国教士一名，被贼凌辱殴伤，抢掠一空，而贵国迄今尚未设法抚恤……❶

德军对胶州和即墨这两座县城的强化占领，是对青岛占领之初就布告的"胶州湾一带及海岸附近群岛等地全行占领"的进一步巩固，也给清政府答应德国政府提出的"赔偿六条"以及胶澳租借条约条款谈判施加了巨大的压力。

山东巡抚张汝梅将德军加强军事占领致电总署：

据胶州电禀，德兵接踵来胶，前后共五百余名，驻胶并上城操演，复以小车九十余辆装运食物火药等情。查前呈阳电以案经议结，胶城既在界外，不应无故闯入，等因。计当转达德兵，在胶久驻，必期彼此相安。兹复络绎进城，并携带火药，与结案条约不符，恐致别生事故。仍请迅即照会德使转电该提督（迪德里希），不得常川进城，以弭衅隙。乞核办示，悉为祷。汝梅叩。祃。❷

2月7日，"克雷费尔特"（Crefeld）号轮船载着装备有野炮和许多器材以及驻军用各种用具的海军陆战部队炮兵部队官兵即胶澳海军炮兵连（Matrosen-Artilleric-Abteilung Kiautschou）到达青岛。

德国占领青岛地区后，德皇威廉二世于1897年12月3日敕令组建海军步兵营（Marine-Infanterie-bataillon）。

1898年6月13日，威廉二世将驻扎青岛的海军陆战步兵营命名为"第三海军陆战营（Ⅲ See-bataillon）"。

1899年12月4日，炮兵连归制于第三海军陆战营。

❶《总署收德国公使海靖照会》，青岛市档案馆、中国第一历史档案馆编：《胶州湾事件档案史料汇编》（下册），青岛：青岛出版社，2011年，第67页。

❷《总署收山东巡抚张汝梅文》，青岛市档案馆、中国第一历史档案馆编：《胶州湾事件档案史料汇编》（下册），青岛：青岛出版社，2011年，第75页。

⬢ 图 7-38　第三海军陆战营官兵行进在青岛市区街道上 ❶

2 月 11 日，迪德里希按来自柏林的命令，将驻扎青岛的第三海军陆战营的管理和指挥权移交给帝国海军部，中校衔的轻型护卫舰舰长、即后来的第三任总督奥斯卡·封·特鲁泊接手代管。这意味着德国东亚舰队司令迪德里希及其率领舰队占领青岛的军事使命已完成。

德军在青岛已从军事占领行动转向巩固防御及胁迫清政府于 1898 年 3 月 6 日签订《胶澳租借条约》。

1898 年 2 月 15 日，迪德里希将这个时期青岛地区局势的报告，专门致海军总司令作汇报。随后，迪德里希晋升为海军中将。

1898 年 4 月初，德国政府宣布设立胶澳总督府，隶属于帝国海军部。被任命为首任总督的海军上校卡尔·罗森达尔（Carl Rosendahl）于 1898 年 4 月 16 日到任，是青岛租借地政府和驻扎青岛陆战部队的最高军政首脑。特鲁泊将第三海军陆战营的管理和指挥权移交给总督罗森达尔。

青岛便成为德国东亚舰队的基地。但东亚舰队与青岛总督府之间没有隶属关系。

（十九）远征军司令海因里希亲王到达青岛

1897 年 11 月 26 日，威廉二世电示首相何伦洛熙，再一次着即组织曾于 11 月

---

❶ 青岛市政协文史研究会编、车辐著：《世纪光影——照片中的青岛旧事》，青岛：中国海洋大学出版，2022 年，第 33 页。

15日会议上决定的胶州殖民军队，并令他们尽早启程。

11月27日，首相何伦洛熙公爵奏呈组织一支中国殖民军的筹备情形，说该队大约包括1200人，可能于23天之内准备出发。

至于"东亚远征军司令"一职，按照皇帝在其11月3日议会演说中宣布的，已选拔海因里希亲王担任。

▲ 图 7-39　海因里希亲王在青岛视察海军舰船和慰问水兵 ❶

12月16日，海因里希亲王率领巡洋舰"德国"号（SMS Deutschland）（图7-40）和"格菲欧"号（SMS Gefion）组成的舰队从基尔港启程到青岛，威廉二世亲自到基尔港为其举行欢送会并发表讲话。

▲ 图 7-40　"德国"号铁甲巡洋舰 ❷

❶ 青岛市政协文史研究会编、车韬著：《世纪光影——照片中的青岛旧事》，青岛：中国海洋大学出版，2022年，第31页。

❷ 青岛市政协文史研究会编、车韬著：《世纪光影——照片中的青岛旧事》，青岛：中国海洋大学出版，2022年，第27页。

对于海因里希亲王到达青岛的确切时间目前有两种说法。一说是 1898 年 2 月 11 日到达，但是，《手记》原文并没有关于海因里希亲王 2 月 11 日的记述。另一种说法是海因里希亲王在至青岛的航行中还有一项重要任务，首先到英国拜见其外祖母维多利亚女王，争取英国减少对德国的敌意，不干预德国将对青岛的殖民统治，并沿途前往其他多个国家和港口城市进行访问，以及补给和维修，因此，用近五个月的时间到达青岛。据档案史料记载，海因里希亲王于 1898 年 5 月 5 日率领舰队到达青岛。

出使德国大臣吕海寰致总署电

光绪二十四年正月二十七日

（1898 年 2 月 17 日）

……又言：德君弟二月二十日（3 月 13 日）前后始抵沪。敬电到否？海。有。❶

山东巡抚张汝梅致总署电

光绪二十四年闰三月二十日

（1898 年 5 月 10 日）

顷据登莱道李希杰电禀，探闻德亲王十五（5 月 5 日）午刻到胶澳，带来兵船三艘、兵二千余人等语。合电陈。❷

海因里希亲王在青岛可谓家喻户晓，在德占时期将街道、饭店等以他的名字命名：海因里希亲王大街（Prina Heinrich Str，今广西路）、海因里希亲王饭店（Prina Heinrich Hote，又译为亨利王子饭店，已拆除重建）、海因里希亲王山（Prina Heinrich Berg，今浮山）。

---

❶（清）吕海寰：《出使德国大臣吕海寰致总署电》，青岛市档案馆、中国第一历史档案馆编：《胶州湾事件档案史料汇编》（上册），青岛：青岛出版社，2011 年，第 141 页。

❷（清）张汝梅：《山东巡抚张汝梅致总署电》，青岛市档案馆、中国第一历史档案馆编：《胶州湾事件档案史料汇编》（上册），青岛：青岛出版社，2011 年，第 148 页。

第八章

德国侵占青岛的结局

一、中德签订《胶澳租借条约》
二、迪德里希纪念碑
三、苦心经略与自食其果

中德签订《胶澳租借条约》

德国占领青岛后，随即在青岛村、胶州、即墨及胶州湾沿岸各处张贴布告，宣布占领范围，巩固占领成果。自 11 月 20 日开始，双方就"赔偿六条"与是否先行"胶澳退兵"之间展开拉锯式谈判。最初以占领青岛是"巨野教案"结案的质押为欺诈，继而德国军事与外交相互配合，适时地抛出了租借胶澳地区的强硬手段。在德国占领青岛初期，德国各方在不同时间段提出了多个方案，这在《中国山东半岛胶州湾图》（1898 年）中有具体体现。

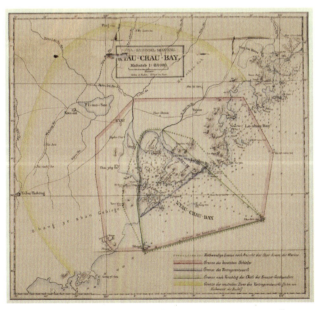

图中红线内是德军 1897 年 11 月 14 日侵占胶州湾后武力控制的区域；蓝线内是德国最初提出的租借区域；绿线内是德国东亚舰队建议的租借区域；绿点线是德国海军部建议的租借地范围；黄线内是胶澳海面潮平 100 中国里的界址。

▲ 图 8-1　《中国山东半岛胶州湾图》（1898 年）❶

---

❶ 青岛市档案馆编著：《图说老青岛》，青岛：青岛出版社，2016 年，第 32 页。

1897 年 12 月 7 日，海靖在致外交部的电报（译文）中说：

> 今日我向 88 号电报中所提起的大员——当他们第三次来访时——提议：当我们宣布教案完全解决及放弃我们帝国战争赔偿的要求时，中国皇帝应出于自愿并为表示感谢干涉还辽，把胶州移交给亨利亲王殿下……中国大员只表示原则上同意，但是在极力斡旋下，表示愿宣布胶州为一个通商口岸，并答应：绝不把它割让给任何国家；我们将在该处得到一个居留地及铁路建筑权；此外，在华南割让给我们另一个海港。

> 当我仍坚持胶州，大员没有拒绝……照我看来，华人因害怕英国或日本侵占其领土，正极度急切地要求提前与我们签订协定。❶

海靖以完全解决"巨野教案"和放弃索要战争赔偿及曾经"干涉还辽"等为条件，要求清政府"割让胶州湾"；清政府谈判大员则按照既定策略，答应在华南另寻一个港口"割让"给德国，青岛将作为通商口岸，多予德国一个租界地及铁路建筑权等利益。表面上看，清政府将给予德国的利益比其要求的还多，实则是要将德国驱赶至西方列强在华南的利益集团的纷争之中，德国政府当然不会答应。

1897 年 12 月 16 日，海靖在致外交部电报中说：

> 对我的肯定的声明——"除胶州外不能考虑其他海港"，中国谈判代表答称：中国本来准备割让胶州给我们，但是，英国公使前日在总理衙门提出，倘让胶州给我们，英国也要求取得一个海口；日本也曾作同样表示，且其他各国势将接踵而来。最后，大臣们表示准备让我们既无任何期限规定，也无书面割让名义地占领胶州……

> ……（清大员）诉称俄国代办本月初责备德国占领胶州违反国际公法……

> ……驻京比、荷公使曾向总理衙门对德国违反国际公法的行动表示惋惜与非难。

---

❶［德］海靖：《驻北京公使海靖男爵致外部电（译文）　92 号》，青岛市档案馆、中国第一历史档案馆编：《胶州湾事件档案史料汇编》（下册），青岛：青岛出版社，2011 年，第 188 页。

英国公使……对于我们不愿意要一个华南海港则表示很高兴。❶

虽然英、俄、日、比、荷等国威胁清政府要以德国为例纷纷效法，对德国要求"割让"胶州湾及沿岸地区进行强力干涉，但是，他们也只是为了自身利益而已，没有哪个国家真正为了帮助清政府愿意舍弃自身利益而卷入是非漩涡当中。怎奈彼时的清政府因北洋水师在甲午战争中已全军覆没，国力空虚，没有与德国人开战的实力和胜算，只得以"无任何期限规定，也无书面割让名义"的方式，准备答应德国人的侵略要求。东亚舰队司令迪德里希也间接参与了条约的谈判。

1897年12月23日，海靖与军机大臣翁同龢、张荫桓举行秘密谈判。海靖又将"巨野教案"与"占领青岛作为质押"本应相提并论的一案，作为两案处理分开谈判。之前德国与清政府关于在胶州湾出让一个港口的商谈，双方意见可谓南辕北辙，此次秘密谈判可视为双方正式"商办胶澳租借"一事。据《军机大臣翁同龢等与德使海靖晤谈问答节略》所载：

> 海靖云：今日之会所谈必能中听，外部（德国外交部）本欲教案与胶澳并论，经伊电知，始划分两截……海靖云：若胶澳租定，用费不索（第六条的"国家赔偿"可不索要）……臣等（翁、张）即申胶澳退兵之说。海靖云：租界划定，兵可全撤。所谓租界指青岛两岸而言，若能划定，伊愿出租钱，愿立年限，租界内准造船厂、煤厂、炮台，租界外听中国办理，伊不过问。臣等告以：租界可以商办，界外应开各国通商码头，海亦无词。惟守口炮台，伊欲两岸并占，臣等不允，此事尚需磋磨。此臣等议结教案，又议胶澳退兵之情形也。

> 现西俗假期（圣诞节），面订初三日（12月26日）伊将照会底送阅，如有参差，臣等于初五日（12月28日）再与海靖晤面，初六日（12月29日）伊到臣衙门面交照会，先结教案。至胶澳租界作为通商口岸等事，自当一气赶办，不宜中辍，应由臣衙门妥商办理。❷

海靖在此次谈判中移花接木，正式提出将"割让"变换成"租界"，并声称

❶ ［德］海靖：《驻北京公使海靖男爵致外部电（译文）98号》，青岛市档案馆、中国第一历史档案馆编：《胶州湾事件档案史料汇编》（下册），青岛：青岛出版社，2011年，第188页。
❷《军机大臣翁同龢等与德使海靖晤谈问答节略》，青岛市博物馆、中国第一历史档案馆、青岛市社会科学研究所编：《德国侵占胶州湾史料选编（1897—1898）》，济南：山东人民出版，1987年，第175-176页。

"愿出租钱""愿立年限",但是,其实质是强占。海靖所提出的"租界划定,兵可全撤"一语,在此认为只是将驻扎在胶州和即墨两城的兵力撤出,并不涉及青岛驻军。翁同龢、张荫桓答应"租界可以商办",自认为这样可以多少保留清政府一点尊严,并非像"永久割让香港岛"给英国那样在世界和国人面前颜面扫地,随答应胶澳租借条约的谈判。以翁同龢、张荫桓为代表的清政府认为西方列强亦是强虎视眈眈,欲效德国之法,所以,"自当一气赶办,不宜中辍",急于迅速了结租借谈判。

1897年12月29日,公使海靖发给总理各国事务衙门照会称:"本大臣与翁中堂、张大臣等屡次密商",并首次提出共五款的《胶澳租借条约》。

1898年1月1日,翁同龢、张荫桓前往德国使馆与海靖就租借地范围举行秘密谈判:

> 海靖手执地图,将胶澳让出之地划开,坚索澳口两岸,直至阴岛地方。臣等坚持不允,辩论至两小时之久,几于舌敝唇焦。臣等告以:宁让齐白山(今黄岛),不让陈家岛(今凤凰岛岬口处),德若依我,我与德另立密约……而海靖仍称:奉到外部训条,断不能改。且照提督(迪德里希)原占之地让出甚多,又系租给德国,不损中国自主之权,已还中国面子,万难再让,语甚决绝。❶

"海靖手执地图,将胶澳让出之地划开,坚索澳口两岸"等语,描画出海靖面对清政府的软弱,表现出的一副不可一世和狂悖的形象。

可查的档案史料中,屡见清政府大员使用"几于舌敝唇焦""元处此危地,一身不足恤""元一身事轻,国家事重"等个人标榜之语,而关于德国方面的档案史料却鲜见对个人处事不易的描述。由此可见两国国情和文化的差异。

至1898年1月10日,海靖又提出了新的"租借六款",而1898年3月6日正式签订的《胶澳租借条约》达到共三端九款。在租借条约秘密谈判交涉的过程中,为了迫使清政府完全接受其侵略要求,德国不断增兵武力威慑。

1898年3月6日,总理各国事务大臣李鸿章(图8-2)、总理各国事务大

---

❶《军机大臣翁同龢等往德使馆晤谈节略》,青岛市博物馆、中国第一历史档案馆、青岛市社会科学研究所编:《德国侵占胶州湾史料选编(1897—1898)》,济南:山东人民出版,1987年,第184页。

臣翁同龢（图8-3）与德国驻华公使封·海靖（图8-4）分别代表清政府与德国政府在北京签订《胶澳租借条约》（图8-5），租期99年。该条约共三端九款，如下：

▲ 图8-2　李鸿章　　　　▲ 图8-3　翁同龢　　　　▲ 图8-4　封·海靖

　　山东曹州府教案现已商结，中国另外酬德国前经相助之谊，故大清国国家、大德国国家彼此愿将两国睦谊益增笃实，两国商民贸易使之格外联络，是以和衷商定专条，开列于左。

　　第一端　胶澳租界

　　第一款　大清国大皇帝欲将中、德两国邦交联络并增武备威势，允许离胶澳海面潮平周遍一百里内（系中国里），准德国官兵无论何时过调。惟自主之权仍全归中国，如有中国饬令设法等事，先应与德国商定。如德国须整顿水道等事，中国不得拦阻。该地内派驻兵营筹办兵法，仍归中国，先与德国会商办理。

　　第二款　大德国大皇帝愿本国如他国，在中国海岸有地可修造、排备船只，存栈料物，用件整齐各等之工，因此甚为合宜。大清国大皇帝已允将胶澳之口南北两面租与德国，先以九十九年为限。德国于所租之地应盖炮台等事，以保地栈各项护卫澳口。

　　第三款　德国所租之地租期未完，中国不得治理，均归德国管辖，以免两国争端。兹将所租各段之地开裂于后：一、胶澳之口北面所有连旱地之岛，其东北以一线自阴岛东北角起至劳山湾为限；二、胶澳之口南面所有连旱地之岛，其西南以一线自离齐伯山岛西南偏南之湾西南首起往笛罗山岛为限；三、齐伯山、阴岛两处；四、胶澳之内全海面至现在潮平之地；五、胶澳之前防护海面所用群岛，如笛罗山、炸（乍）连等屿，至德国租地及胶澳周边一百中国里界址，将来两国派员查照地情，详细定明。在胶澳中国兵商各船与德国相交之国各船，德国拟一律优待。因胶澳内海面均归德国管辖，德国国家无论何时，可以定妥章程，约束他国往来各船，此章程即中国之船亦应一体照办，另外决无拦阻之事。

第四款　胶澳外各岛及险滩，德国应设立浮桩等号，各国船均应纳费，中国船亦应纳费，为修整口岸各工程之用，其余各费，中国船均无庸纳。

第五款　嗣后如德国租期未满之前，自愿将胶澳归还中国，德国所有在胶澳费项，中国应许赔还，另将较此相宜之处让与德国。德国向中国所租之地，德国应许永远不转租与别国。租地界内华民如能安分，并不犯法，仍可随意居住，德国自应一体保护。倘德国需用土地，应给地主地价。并中国原有税卡设立在德国租地之外，惟所商定一百里地之内，此事德国即拟将纳税之界及纳税各章程与中国另外商定，无损于中国之法办结。

第二端　铁路矿务等事

第一款　中国国家允准德国在山东省盖造铁路二道。其一，由胶澳经过潍县、青州、博山、淄川、邹平等处往济南及山东界；其二，由胶澳往沂州及由此处经过莱芜县至济南府。其由济南府往山东界之一道，应俟铁路造至济南府后始可开造，以便再商与中国自办干路相接，此后段铁路经过之处，应于另立详细章程内定明。

第二款　盖造以上各铁路，设立德商、华商公司，或设立一处，或设立数处，德商、华商各自集股，各派妥员领办。

第三款　一切办法，两国迅速另订合同，中、德两国自行商定此事。惟所立德商、华商公司造办以上铁路，中国国家理应优待，较诸在中国他处之华洋商务公司办理各事所得利益，不使向隔。查此款专为治理商务起见，并无他意。盖造以上铁路，决不占山东地土。

第四款　于所开各道铁路附近之处相距三十里内，如胶济北路在潍县、博山县等处，胶沂济南路在沂州府、莱芜县等处，允准德国商开挖煤斤等项，及须办工程各事，亦可德商、华商合股开采，其矿务章程亦应另行妥议。德国商人及工程人，中国国家亦应按照修盖铁路一节所云，一律优待。较诸在中国他处之华洋商务公司办理各事所得利益，不使向隅。查此款亦系专为治理商务起见，并无他意。

第三端　山东全省办事之法

在山东省内如有开办各项事务，商定向外国招集帮助为理，或用外国人，或用外国资本，或用外国料物，中国应许先问该德国商人等愿否承办工程、售卖料物，如德商不愿承办此项工程及售卖料物，中国可任凭自便另办，以昭公允。

以上各条由两国大皇帝批准。中国批准之约到德国柏林之后，德国批准之约交给中国驻德国大臣收领，作为互换之据。

此专条应缮四分，华文、德文各二，由两国大臣画押盖印，各执华、德文一分，以昭信守。

大清光绪二十四年二月十四日

大德一千八百九十八年三月初六日

大清钦命总理各国事务大臣太子太傅文华殿大学士一等肃毅伯　李（签字：李鸿章）

大清钦命总理各国事务大臣军机大臣协办大学士户部尚书翁（签字：翁同龢）

大德钦差驻扎中华便宜行事大臣　海（德文签字：封·海靖）

▲ 图 8-5　图片为《胶澳租界条约》中文版，原件存于德国外交部政治档案馆 ❶

图片上最后代表两国签名自右至左分别是李鸿章、翁同龢、封·海靖。

　　清政府屈辱地签下《胶澳租借条约》后，作为条约补充协议，同年 8 月 22 日签订了《胶澳租地合同》，10 月 6 日又签订了《胶澳边界合同》和《胶澳潮平合同》，就此构架了一个比较完整的胶澳租借体系。胶州湾及周边共计 1128.253 平方千米的区域沦被德国占有。其中，陆地 551.753 平方千米，海域 576.5 平方千米，包括 270 余座村庄和 25 个岛屿，域内中国居民 8 万人。

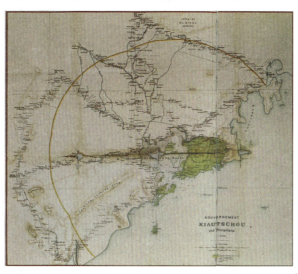

▲ 图 8-6　《胶澳总督府辖区及腹地图》（1898 年）❷

　　图中绿色的陆地、岛屿及胶州湾沿岸绿色线内海域部分均为德国租借区域；图中黄线是潮平一百里范围界址。

❶ 王建梅、董文祥：《美美与共——解读青岛德国总督官邸旧址东西方建筑文化与风格交融之美》，青岛：青岛出版社，2023 年，第 36 页。
❷ 青岛市档案馆编著：《图说老青岛·前言》，青岛：青岛出版社，2016 年，第 30-31 页。

1898 年 4 月 27 日，胶澳租借地正式宣布为保护区。

1898 年 10 月 12 日，将胶澳租借地的市区命名为"青岛市"。

《胶澳租借条约》的签订，标志着德占青岛的历史格局就此形成，严重损害了中国的国家权益，由此引发了西方列强新一轮在华强租港湾、土地和争夺利益的狂潮。缘此清政府被迫签订一系列丧权辱国的不平等条约：1898 年，中英签订《展拓香港界址专条》《订租威海卫专条》，中俄签订《续订旅大租地条约》；1899 年，中法签订《中法互订广州湾租借条约》；英德两国订立津镇铁路利益瓜分协定，与清政府签订《津镇铁路借款草合同》；等等。

德国侵占青岛，对中国来说，这是"二千年未有之大变局"中的一大惨痛烙印，国家意识与民族精神面临着空前的危机，同时，戊戌变法等进步思潮风起云涌，由此而形成的"青岛问题"是"五四"运动中国和世界史的一个焦点。

二 迪德里希纪念碑

　　1898 年 11 月 14 日，德国殖民者为纪念东亚舰队司令恩斯特·奥托·封·迪德里希率领舰队占领青岛的功绩，在信号山上举行了"迪德里希纪念碑"落成典礼（图 8-7）。纪念碑高 8.5 米，长 22 米，德国工兵上尉米勒（Müller）设计。整个纪念碑借用山体岩石，由三块雕刻中德两国文字的碑石组成，巨大的德国鹰徽之下刻着："他为皇帝、为帝国赢得这片土地，这块岩石以他的名字命名为'迪德里希石'。"军乐队演奏了普鲁士进行曲，德国海因里希亲王（Prinz Heinrich）出席了该纪念碑的落成典礼并发表讲话，并将迪德里希率领东亚舰队占领青岛的 11 月 14 日定为青岛的公众节日。

▼ 图 8-7　"迪德里希纪念碑"落成典礼 ❶

❶ 青岛市档案馆编:《见证青岛》(上),青岛:青岛出版社,2009年,第17页。

1898 年 11 月 14 日，迪德里希并没有出席专门为他个人建造的纪念碑的落成典礼。在上海的他收到了来自青岛的贺电：

  在刚刚隆重为迪德里希碑揭幕的今天（即）占领胶州地区一年之际，停泊在港口的巡洋舰分舰队（东亚舰队）军舰的全体军官以及青岛驻军（第三海军营）的军官和（胶澳总督府）官员向您致以最真诚的问候和祝愿。❶

---

❶［德］佚名：《迪德里希纪念碑落成典礼》，青岛市档案馆编：《胶澳租借地经济与社会发展——1897—1914 年档案史料选编》，北京：中国文史出版社，2004 年，第 285 页。

德国侵占青岛后，如愿以偿地建立了东亚舰队海军基地，殖民青岛，拥有了所谓"阳光下的地盘"。为了保护德国在中国的各方面利益，在青岛这个"根据地"必须驻扎大量的德国海军和陆战士兵（第三海军陆战营）。在整个殖民统治时期，驻军人数始终多于欧洲居民人数。据总督府1913年7月统计，经过16年的发展，在青岛（欧人城区青岛、华人商业城区大鲍岛、郊区台东镇和台西镇）包括军人和渔民共有60 484人。欧洲居民2 069人，其中德国人1 855人。中国居民由德占初期的几千人增加到53 312人。

　▲ 图8-8　1911年5月14日，第三任青岛总督奥斯卡·封·特鲁泊卸任告别青岛，乘"格奈森瑙"号巡洋舰返回德国❶。驻青岛的德国军人、德国籍市民、儿童身着盛装，聚集在大港码头欢送，其中有部分清廷官员和华人买办

❶ 青岛市政协文史研究会编、车辐著：《世纪光影——照片中的青岛旧事》，青岛：中国海洋大学出版，2022年，第198页。

　　此前，德国在非洲和南太平洋等地区的殖民地均由隶属外交部的殖民部管理。依据帝国海军部的特别要求，海军部担当起了对青岛租借地的城市管理和建设发展任务。海军部国务秘书梯尔庇茨认为由海军经营管理青岛比殖民部管理的好处：

> 　　我们有一大堆技术人员和官员可以提供给青岛使用，这些人是我们从海军大家庭中挑选出来的，如果认为他们不合适还可以立即撤回。殖民部则是一个官僚机构。我们有能力自己建港、建城和各种设施等……我们有医生，他们已经适应了热带气候并且接受过建造野战医院的培训。我们认为无须每一步都受制于帝国国库和帝国国会，如帝国殖民部曾经遇到的情况那样。❷

　　但是，实际情况并非梯尔庇茨所预言的那样青岛总督府可以"自力更生"地迅速发展。对此，德国国会后来"相信帝国海军部的职权范围大于殖民部，因为在青岛实施宏伟的目标时，正如巨大的财政投资所证明的，海军当局几乎可以为

❶ 青岛市档案馆编著：《图说老青岛》，青岛：青岛出版社，2016 年，第 76 页。

❷ ［德］托尔斯藤·华纳：《近代青岛的城市规划与建设 》，青岛档案馆编译，南京：东南大学出版社，2011 年，第 72～73 页。

青岛主城区位于连绵起伏的山岭南麓面对前海湾。岩石山岭、蔚蓝的大海、黄色的沙滩和海上岛屿，构成了一幅美丽的图画。"纯德国式"城市已然铺开。

所欲为"❶。

德国政府为了打造所谓"模范殖民地"，对青岛租借地的建设投入了巨额资金支持，1897—1914年，为青岛的建设总投资额整整2亿金马克。其中，只有约2 400万金马克来自青岛本地的收入，每年帝国财政补贴500万~1 460万金马克。例如，1913年，虽然青岛港已有了相当大的贸易量，且总督府出售土地的收入和税收已达到720万金马克，但青岛租借地依然从帝国财政拿到了950万金马克的财政补贴。

巨额的帝国补贴涵盖军民混用和纯粹的军事设施建设的方方面面。包括公共设施（街道、供水、供电、污水处理、电话等）、港口建设、行政管理设施（总督府、总督官邸、警察局、法院、医院等楼房）、军用设施（掩体、炮台、兵营、军官住房等），还包括军官和官员孩子的学校、总督府教堂等。这些必要的设施，得到了较快的发展和完善。例如，在第三任总督特鲁泊任期内，已经完成了其所谓的"样板殖民地"的结构。至1906年，青岛海关税收总额在全国36个海关中跃居第七位，取代烟台港成为山东主要贸易口岸，开辟了到欧洲、北美、日本、

---

❶ ［德］托尔斯藤·华纳：《近代青岛的城市规划与建设》，青岛档案馆编译，南京：东南大学出版社，2011年，第72页。

香港等多条定期航线，成为直接与外国交往的独立贸易中心。已将青岛建设成为德国在东亚重要的军事基地和经济繁荣、政局稳定的纯德国式现代化城市，被广泛赞誉为德国文化和城市展览中心、风景如画的花园城市、避暑旅游胜地。

1912年9月28日孙中山先生到访青岛（图8-10），后来在谈到对青岛的印象时说："我对青岛的建设非常满意，青岛应该成为未来中国城市的典范，如果我国500个县每县都能派10人前往青岛，考察那里的行政、城乡道路、船坞港口、高等学堂、造林绿化、公共和官方建筑并加以学习，那么中国将受惠无穷……" ❶

德国政府对青岛的巨大财政投入，是要证明给世人看："我们也要求我们在阳光下的地盘"，体现了与"日不落帝国"英国等世界列强争霸的野心。这个"争霸的野心"被德国社会民主党领袖倍倍尔毫不留情地批评为"蠢事"。1898年，德意志帝国议会关于青岛问题进行辩论，外交部长毕洛发表演说：

🔺 图8-10　孙中山先生在青岛广东会馆与各界代表合影 ❷，并发表讲话称："前本一区区渔村……遽发展至于灿烂无比之境地，其深有价值之建设，中国又宜用作师表者"，对青岛大加赞赏

❶ ［德］托尔斯藤·华纳：《近代青岛的城市规划与建设》，青岛档案馆编译，南京：东南大学出版社，2011年，第240页。
❷ 王建梅、董文祥：《美美与共——解读青岛德国总督官邸旧址东西方建筑文化与风格交融之美》，青岛：青岛出版社，2023年，第213页。

……由于占领胶州湾，才开始能获得在东亚政治的以及军事的根据地……我们在东亚有重大的使命，并同其他列强进行对抗……关于东亚问题，必须平稳地、坚决地、和平地走向它必须前进的道路。我决不希望做有害和平者要做的事，也绝对不做秽行暴政者要做的事。❶

对于外交部长毕洛伪善和平、颂扬侵略扩张、仅着眼于眼前利益而不考虑国家和民族长远发展的短视政策言论，倍倍尔针锋相对地批驳说：

毕洛外长所说德意志占领胶州湾成为特别爱和平的象征。世上有这样奇怪的爱好和平的手段否？在光天化日之下，率领武装部队，占领中国的地方，驱赶和平的中国士兵，强夺其根据地，威胁贫弱的中国政府，居然登堂入室，喧宾夺主，强迫其签订租借条约，此即谓毕洛外长所谓的"德意志和平政策"欤？假若竟然如此无理侵略他国领土，就能成为和平政策，任意迫害弱国，吞并小国，则天下岂非没有任何和平政策。外长喋喋不休地谈论胶州湾的价值，伪称可以成为有利的重要的东亚根据地，巧妙地欺骗我们。但是，我的意见完全相反，我毫不犹豫地肯定，如占领胶州湾作为东亚根据地，则定会削弱我们在欧洲的战斗力及防御能力。我们世袭的仇敌是俄、法两国，将来和两国交战的时期一定会到来，必须做好精神准备，这一时期就是我东亚的根据地落入俄国手掌的时期。在胶州湾经营上无论投入多少钱财，无论花费多大努力，则其成熟之际，便将归别国所领有。是即所谓为他人作嫁衣裳，不能不谓是为德意志采取了愚蠢的政策。似胶州湾那样远离国土之地，当有事之日，将如何能够防守？若有深谋远虑者，则不会做出经营这种危险不安的根据地的蠢事。❷

同样，对于"模范殖民地"青岛能否"长治久安"的问题，时任第三任总督特鲁泊也给出了他的预判。1905 年 6 月，他在回答《每日新闻》记者采访时说：

---

❶［日］田原天南：《占领与德国议会的风波》，青岛市博物馆、中国第一历史档案馆、青岛市社会科学研究所编：《德国侵占胶州湾史料选编（1897—1898）》，济南：山东人民出版，1987 年，第 563–564 页。

❷［日］田原天南：《占领与德国议会的风波》，青岛市博物馆、中国第一历史档案馆、青岛市社会科学研究所编：《德国侵占胶州湾史料选编（1897—1898）》，济南：山东人民出版，1987 年，第 564 页。

德国并不谋求在胶州湾建立一个强大的要塞。它仅只是在同日本发生冲突情况下服务于战争，而且即使在那时，由于日本就在邻近，也将不会保卫得很久。❶

多位有识之士的警示和预言可谓"一语成谶"。1914 年 8 月 1 日，德国向俄国宣战，成为第一次世界大战的参战国。8 月 23 日，日本对德国宣战。由于德国要同时应对欧洲本土和东亚两场战争，在青岛的德军面临十倍于己的日英联军和猛烈攻势，寡不敌众，1914 年 11 月 7 日，第四任总督阿尔弗雷德·麦尔·瓦尔戴克（Alfred Meyer Waldeck）（图 8-11）代表德国向日本投降，青岛被日本占领。

🔺 图 8-11　德国发行印有第四任总督阿尔弗雷德·麦尔·瓦尔戴克头像的德日战争（第一次世界大战亚洲战场）纪念明信片

由于德意志第二帝国侵略扩张野心的膨胀，苦心经略 17 年的"模范殖民地"好景不长，"苦恨年年压金线，是为他人作嫁衣"，自食其果。

我们中国人历来讲求"己所不欲，勿施于人"这一深刻哲理。习近平总书记强调："历史是最好的教科书，也是最好的清醒剂。中国人民对战争带来的苦难有着刻骨铭心的记忆，对和平有着孜孜不倦的追求。纵观世界历史，依靠武力对外侵略扩张最终都是要失败的。这是历史规律。"习近平总书记的论断，揭示了帝国主义的侵略扩张行径，最终收获的是"一枚害人害己的苦果"。

---

❶ 李明：《青岛过客：青岛早期城市史上的德国人》，郭爱成等译，北京：新星出版社，2018 年，第 43-44 页。

附件1 海军少尉的报告

1897年11月27日，迪德里希亲自率领一支350人的进军纵队开拔到即墨城和胶州城，在这两处炫耀武力和散发德军的布告，并在青岛和这两座县城之间的范围驱赶章高元的清军部队和援军。海军少尉、军医哈格纳茨参加了这支进军纵队的行动，他在此次行动中兼职会计和保管钱箱。其个人对1897年11月27日至12月10日首次出征即墨和胶州两地的过程做简短回忆并向迪德里希报告。

海军少尉、军医哈格纳茨给恩斯特·奥托·封·迪德里希将军的报告：

自"皇帝"号巡洋舰下舰的军官，11月25日接到命令到东大营蔡厄舰长先生处参加一次讨论会。我走进一座寂静的大厅，并没有预感到有什么凶兆，（自己）会在5分钟后被一致任命为两天后出征的部队的"进军军需官"。对我问及最新情况一事，人们只示意我，我将得到各装有10 000铜钱和400大洋的10条袋子，我得为这些大洋弄一个木箱。之后我又到了（大厅）外边。

起初我拿不准，是否可以跟翻译克莱普斯先生很快地学几小时汉语，或者，是否可以最好跟会计就如何处理钱的问题讨得一些主意。因为，这个时候让我在很短时间内回答这些问题显然很困难，所以，我决定抱着干脆"听天由命"的格言和"事到临头再说"的态度。不久便弄到了一个包有铁箍的箱子。然后把大洋和铜钱袋子装到一辆两轮车上，并使这辆车听命于辎重队指挥官的指挥。另外，我还从会计处得到了一个（购买）当地斧子、锤子、面包、鸡蛋和其他各种物品的价格目录。因为，某些地方的供应商根本没想要那么多钱，而且在进军过程中，我有时也不得不大大偏离了规定的价钱时，迄今我很幸运，并没有受到长官的责备。

11月27日晨7时，部队从（青岛）炮兵营地和东大营开拔。辎重队因关口至山谷的路陡峭行进很困难，不得不落在后边。快到沧口时突然空出一匹马，从此刻始，我被允许骑马从更高处观察周围情况的发展。当我们登上了沧口后面的一串串山丘时，正好还可以从远处黑暗中看出撤退的中国人群（驻防胶澳的清军部队）的身影轮廓，而在我们前边的山谷中还有几乎不曾离去的营地的烟火。快到流亭时有5个中国人被抓住了，怀疑他们是（清军）士兵。因此，决定把他们一起带着走一段时间，以吓唬其余那些还在游荡的中国（清军）士兵。

我们在太阳快落山时赶到的一个大村子流亭过夜。士兵被分别安排住下，"威廉亲王"号舰的人员住在街道一侧，"皇帝"号舰的人员则住在另一侧。士兵们有足够的麦秸，可以住得舒适些而彼此紧靠着躺，以便保持暖和。一起带来的5个中国人夜里安排在一个三面由黏土墙围起来的小房子里，第四面则是开放的，这一侧挂有帆布用来防止雨落入。在借助于我们自己带的翻译，从村子的长老处为士兵要来了晚饭和第二天早饭的食品，包括面包、鸡蛋和茶，并且在许诺诚实支付后，军官们也环顾了过夜住处。在难以选择的情况下，大家决心住在一间约7米长、4米宽和2米高的房间里。这间房似乎久已不用，而且除了令人难以置信的厚厚一层灰外，还有一扇难以关住的门和两扇透风的纸窗。提供了两块木板用来坐人，一大一小，也可用作过夜床板，但由于其不牢靠，不得不加了两个木箱和一个梯子改成第三块板。我们大家真的感到饿了，渴望着在我们的管家、一位中国饭店老板那里订的晚饭。当晚饭终于被端上来时，我们确实忍不住用鼻子闻它的香味了。首先，在一个大平底锅中盛了些可能是牛排之类的东西。这是一些切成手掌般大小片状的、几乎完全生的肉块，它们漂在说不出名的一种汤汁内。由于缺少盘子和餐具，每个人都拿出了自己的小刀从汤汁中插上一块，使劲地咬着。第二道菜是一个比拳头大的、黏黏糊糊的面粉团子，几乎可以把它作为弹子球来玩，尽管除了缺奶、蛋和盐外，它们什么也不缺，但依然供不应求，而且这桌的一个人甚至"解决"了整整三个。当我们已经吃得相当饱时，出乎我们的意料，我们自带的厨师做得满满一碗鸡肉终于结束了这顿饭。为这顿美餐准备的饮料是茶，经稀释后它虽然肯定无害，但淡而无味了。幸亏有几位先生的野战酒瓶中还有剩余的酒，而对之后还要补充的亏空，使我们聊以安慰的是，当然还有由克莱普斯先生竭力克制只让我保管的一瓶白兰地。

在结束了这次在两盏昏暗的豆油灯照明下，在极好气氛中度过且伴之以许多幽默的晚餐后，有几个人，但只是少数有钱的，还点燃了雪茄烟，然后就都想睡觉了。

前已找到的小床板留给上校先生用，大床板得为四位（军官）先生用，而梯板则为两位（军官）先生作床用。床下边垫了豆秸和花生秸，盖的东西每两个人有一床粗羊毛毯。尽管不怎么舒服，但不久便都沉入当今极度向往的多声部梦乡，除了几个低声唠叨的如"利己主义""严寒"和"想一个人盖被子"外，再没听到什么干扰。

新的一天（11月28日），下一个新鲜事是听到报告，说那五个中国人逃走了。其中的一堵黏土墙上留下一个大洞。岗哨听到有时在帆布后（有人）大声地咳嗽，但临近早晨一切都变得静悄悄了。

（11月27日）晚上，事先就已由中国人带来消息，说德国人（行进缓慢的辎重队）乘车到了女姑口。

（11月28日）早上，新的信使带来了同样的消息。在我们以极为乐观的观点吃过早饭后，就决定继续向即墨进军，而上校先生与副官则要骑马到女姑口去看看辎重队的情况如何。我将同行，（装大洋和铜钱的箱子随辎重队）去取一些钱，以便可能支付在流亭的住宿和膳食等费用。

我们在女姑口只见到了"阿尔柯纳"舰上的几个人，他们正忙于把坏了的小车重新绑起来用。他们是在晚上的黑暗中到达的，而大辎重队远在前面。队长西门子（Siemens）少尉听到消息说我们已在附近过夜，就找我们。蔡厄上校决定等待西门子少尉回来，而哈德（Harder）少尉和我骑马继续前行，哈德若可能再到（青岛）东大营牵一匹马，而我则要从随辎重队行进的钱箱中取钱。

（11月28日）中午，我们在沧口和高山之间遇到了库尔茨（Kurz）少尉，他和他的辎重队是在高山前的一个村子过的夜。他感到非常伤心，夜里一位马夫牵着他最好的两匹"将军骒"逃走了。我的钱箱被包裹在一信号袋中，从中取出400块大洋后，我把我骑的已经有点累的马，同一位中国厨师骑的马调换了。我把钱袋子绑在马鞍前上方，便又重新上路。我还得先回到女姑口，我将在这里给道台支付"阿尔柯纳"舰人员过夜住处的费用2块大洋，西门子少尉为此开了一张凭单。在我经过几乎3/4小时寻找，终于找到了这个人（道台）时，他告诉我，有人已经付了房费。如我后来知道的，方丹（Fontane）博士在部队开拔前已经兑付了凭单。这样我便又可以骑马到流亭，我的钱在这里也可派用场了。这件事表明，这期间没有翻译帮忙是办不成事的，因为，人们的要求比（前一天）晚上事先商定的要求多很多。此事两天后由即墨（官员）来解决。对我而言，是要找到去即墨的路，其位置我毫无所知。只有在经过许多徒然的相互了解尝试之后有人告诉我士兵是沿哪条路转移时，我才高兴了。由于某种原因，天很早就黑了而且表已指着4点半，所以，我让白马迅速奔驰起来，以便赶在太阳落（地平线）以前尽可能多走一段路。

5点3刻左右，我骑马奔驰穿过一座村庄，突然听到一个响亮的声音，同时看到一个闪亮的东西向右落到地上。我立即下了马并发现，这个东西是一块大洋，而且袋子由于不断地与（马）鞍子摩擦形成了一条几乎8厘米长的裂缝。（不知道）已经通过这个缝漏掉了多少大洋啊！不可能再折回去（找寻），因为天已经很黑了，也不可能很快（地）继续前进，于是我决心步行，把漏的地方扎起来，并用马镫皮带把袋子绑在鞍子上。然后我把缰绳缠在胳膊上沿着自认为是对的方向继续走。不久天就黑了，路上什么也看不见，我只能靠迎面而来的许多中国人保持在正确的街道上。有时是成队甚至多达30人的队伍一起走的这些人，往往以新奇的笑容看着我的打扮，但有时也是完全围着我，使人厌烦。这后一个半小时，我把扣着扳机的左轮手枪放在左手并把光亮的军刀握在右手，经过了数不清的、部分在我一侧、部分在白马一侧的小灌木林，我在（11月28日晚上）6点3刻左右到达即墨（城）。立即对银钱进行了清点，使人惊奇的是，我发现（掉落）的大洋竟然是通过裂缝漏出去的首枚大洋。

后两天是休息日，而且不仅是休息日，它们也是节日，因为11月29日库尔茨少尉带着辎重来了，所以大家生活得很快活很高兴。

我在这里有时所从事的会计业务，因为此前钱（随辎重队行进）不在手边，也非常简单，可以支配必要的空间和必要的时间。此外，铜钱还全都完好无损。但我们在行军中和有时雇用80～90人的辎重队苦力的情况就完全不同了，他们到了一定地点后便立即要他们的工钱。然后大部分整串的铜钱就打开了，并且必须付给每个苦力200文铜钱。没有办法，只能在路上解决这个问题。有时在天气并非暖和的情况下，因手指都不听使唤，不得不在房间内让指根部位暖和过来。在这样的情况下我真的不能不嫉妒那些早已喝着热咖啡或格罗格酒的同伴们。如果诅咒会起作用，则从发出咒语那天开始，就会在全中国取消这种铜钱交易了。

12月1日，我们不得不返回流亭甚至更往里（青岛方向），因为据报告，中国士兵已经在崂山旁一个村庄法海寺集结。在包围这个村子时，发现树上有一个中国人，而且有几个人看见了这个中国人在用手臂向山里打招呼。因此，包围了这棵树并摇它，直到这个中国人像一个成熟的果实掉下来。但他不是一个兵。

在打了这场有名的仗（打死清军哨长一名、百姓两名，打伤清军士兵多人）并且全部部队从山谷中撤出，集结到平原后，我与方丹博士骑着马与首先开拔的连队前沿向流亭的方向回撤，因为我们要在该处过夜。

之后不久我通过哈德少尉得到命令，回到山谷，因为还有"皇帝"号舰的人员连同受伤者留在该处，这些受伤者是我们的人还是中国人不详。我从遇到的部队处也未能弄清详情。显而易见（后边）没有人了。在我骑着劳累的白马到达山谷并且要开始寻找时，天正好黑了。我吹口哨和喊叫却无人应答，因此，我进了另一条我们的炮兵攀爬过的山谷。而这里也是什么都看不到和听不到，我想，可以平静地返回。这条路我白天曾不止一次地辨认过，因为，我们在包抄这个村子时曾走过很大一段绕路。因此，我只知道尚可在黑暗的地平线上认出的女姑口小山包，几乎肯定是在左边，而且我（曾经）在流亭前用半小时经过了一条河。到这个地方（流亭）究竟还有多远反正无所谓了。

我大概用了一个小时穿过田野、山丘和山沟，之后我突然进到一个村子中，村子的街道上站着和坐着许多中国人，他们打着激烈的手势在聊天。我说出流亭这个字然后指着我猜测的方向，但除了哄堂大笑外却得不到任何回答。我生气地骑马继续前行，并在可能是这个村子的最后一座房子处再次问一位顺路而来的中国人。我记得，当（他）用一胳膊指明方向时，说了"这儿"这个词。然后这个人立即抓住了我的马缰并把马头向下拉，同时他多次讥讽地学着我说的"这儿"。我立即抓住了左轮枪，可惜我把它拿反了，因此只能用枪托和扳机敲这个还抓住马头找麻烦的中国人的脸。在我把枪正过来时，这个人消失得无影无踪了。然后我检查了一下缰绳，在看到一切都正常后，又骑着马向暗处走去。经过一刻钟后我看到了河，骑马向下游走了半个小时直到我们熟识的桥，（晚上）稍过7点就到了流亭。

在向胶州进军的路上，我们于12月2日到达了棘洪滩。我们在这里找到了整整14天中最好、最干净和最宽敞的住地。因此，我们七位军官也没有住在一间房间中，而是上校先生（蔡厄）与哈德少尉睡在一旁。根据哈德少尉的建议，银圆箱在这一天放在了指挥官先生（蔡厄）的床板下，哈德少尉认为这最保险。第二天早晨海军士兵来装钱。因为，我仅为草料等支付了很少的钱，所以，我对他们说，他们可以先把银圆箱子从旁边屋的床板下取出并装上（所需要的钱）。后来，在我们出发前不久，他们把成串的铜钱取出并装上。当我随后在最后一辆车之后刚要离开村子时，哈德少尉突然折回来并告诉我，银圆箱依旧在床板下。我究竟要不要相信这事？很遗憾，察看结果证明他的报信不幸是真的。这怎么办呢？整个村子里再没有推车了，甚至一头驴子也找不到，而且，因为翻译已经走了，所以也干不成什么事。我叫住了两个中国人，给他们两人总共一个大洋，如果他们能把这个钱箱带上的话。一开始一切进行得也还顺利，但不久沉重箱子的把手就深深勒入手指中，再不能抬了。我不得不让我的马来驮。箱子被放到鞍子上，两个中国人左右扶着它，我一手握着缰绳牵着马，让另一只手高高擎起光亮亮的大洋，而且非常诱人的价值在阳光下闪光。因为钱箱往往滑向一侧，十分胆怯的马会一下子跳到另一侧，这样每次箱子都会倾倒，但每次都会有一个有时甚至是两个中国人弄得满身是土。在约3刻钟之后，我们遇到辎重队落后的两个推车，因为他们装得也不满，所以就让他们把这个使人头痛的箱子一起装上了。那两个中国人很高兴地拿着他们的大洋走了。每当我对他们无数次地因马和沉重的箱子造成的极滑稽境况不得不大声发笑时，这两个人也会放声一起大笑，并且似乎在这件事上尽兴取乐。从这件先是使人生气然后又是使人不尽快活的事件中，我肯定是吸取了教训，显然箱子在我身边肯定是最保险，除非有人提出异议。

这次远征留在我记忆中的是普遍的（人类）天性，可以由男爵封·毕布兰（von Bibran）中尉在其改写的作品中提及。

留给我说的只不过还有，全部参加这次远征的人是团结的："最好是今天而不是明天再有这样一次远征！（而且我也会再次扮演会计这个角色。）"

海军少尉军医哈格纳茨（签字）

附件 2　译文节录

1897 年 11 月 14 日占领青岛手记

（1906—1908 年在巴登 – 巴登整理）

海军中将恩斯特·奥托·封·迪德里希

东亚巡洋舰分舰队司令

夏树忱 译

由于 1896 年秋季演习中与科诺尔（Knorr）海军上将在工作上意见相左，我被调离了总司令部参谋长的职位。陛下批准了我六个月的假期。这个假期后是退休还是有一纸新的任命，还说不准……

…………

1897 年 4 月 1 日，我被任命为巡洋舰分舰队司令……5 月 1 日我动身到热那亚……5 月 4 日我乘北德劳埃德公司的"普鲁士"号船在魏廷船长陪同下离开热那亚，首次以我们这个时代给予舰船的全部舒适开始赴东亚的海上航行……

自从艾林波伯爵（Graf Eulenburg）率领普鲁士使团到东亚以来，德国的政府圈子中为在中国争得一个商业殖民地或一个舰队基地的努力从未完全停止过，尤其是关键的海军当局始终未能如愿达到这个目的。

德国似乎在 1870 年前便已着手实施夺取胶州湾。另外，封·李希特霍芬男爵（Freiherr von Richthofen）于 19 世纪 60 年代已指出了这个海湾的价值，而俾斯麦侯爵（Fürst Bismarck）也可能有了夺取（胶州湾）的想法。但谁又知道，有多少港口位置被来自不同方面的人作为合适的殖民地点没完没了地叫卖给当局，并且如何一而再、再而三地使我们的调查无果而终，结果使得这样一些普通的提示未受到明显重视！

中日（甲午）战争的疑问起了一个新的推动作用。俄国和法国因为他们在归还辽东半岛中的调停作用从中国获得了宝贵的让步，而与这两个国家联合支持中国的德国却未予理睬，尽管德国与这个天朝大国的贸易远大于其他两个强大的邻居。东亚巡洋舰分舰队司令、海军少将霍夫曼（Hoffmann）于 1895 年在其一系列报告中指出，现在是向中国要求一个可作为舰队基地的德国租借地的有利时机。这个时候在扩建舰队的斗争中对于基地问题曾相当漫不经心的海军总司令部，却立即着手这个想法，并因皇帝的积极态度也开始了外交谈判和试探性会谈。

分舰队司令霍夫曼把厦门视为合适地点，但引起了很大顾虑。于是，当我1895 年秋担任总司令部参谋长时，这个问题便提了出来。我们把我们手头所有的地图、航海手册和考察报告统统研究了一遍，并广泛征求了相信具有重要判断能力的人的意见，可以找到一个比厦门更合适的港口。厦门这个口岸在南方位置，因为它对山区闭塞，难于活跃内地商贸，且自从台湾由日本占领以后贸易跌落及其作为通商口岸的（特定）性质，遭到了各方面的反对。

因此又有人提出了三处看似较有利的地方：在扬子江入海口处的舟山群岛、胶州湾和福州以北深入内陆的三沙湾（Samsahbucht）。舰队司令霍夫曼受命对这些港口做进一步调查。位于中国大动脉扬子江入海口前的这些岛屿的引人注目的优势首先是扼住了舟山群岛。但问题是，在这条航路上英国有优先权。帝国海军部国务秘书海军上将罗尔曼支持霍夫曼占据厦门的意图，而这种观点分歧迫使将此事完全搁置起来。

6 月 10 日我们到达上海的锚地吴淞……

…………

（11 月 5 日）下午快 5 点时来了公使的一个通报，通报说："鲁南的德国天主教传教士打电报来，一位传教士被杀，另一位失踪，住宅遭劫。"

…………

（1897 年 11 月 8 日）中午 12 点由海军总司令发来的电报则造就了一个全新的形势。电文称：

将整个分舰队迅速驶向胶州湾，占领该地合适的地点和村庄，并从该处以您认为合适的方式获得赔偿。对您航行的目的地保密。

告知驶离（时间）和电报地址，给回执。

皇帝兼国王威廉

皇帝的这道命令委托我负责实施这次行动。是否我对封·海靖先生处理武昌事件的抱怨对此决定起了作用，不得而知。但无论如何我明白，现在只能与我们的公使尽可能紧密合作，以达到对德国最好的结果并在随后实施我的步骤……

…………

1897 年 11 月 14 日的占领：

在极好的天气、微微的东风和晴空之下，登陆部队登上了栈桥并布置在营房前的广场上。该处少数几个好奇观看的中国人热心帮忙。当我 7 点之后不久登上陆地时，我好像觉得在陡峭山上的信号台的设施对于派遣的军人是十分重要的。因此我通过翻译让雇用周围站着的中国工人。用了几个格罗申（德国 10 芬尼的硬币），这些人便快得简直让我们跟不上把旗杆和信号器运到了直到现在还为主信号台使用的山顶上。8 点之后不久，信号官策佩林伯爵（Graf Zeppelin）就在这里建立了一个信号台，它可与各阵地联系，而我则稍稍在其下，在一易于与参谋部接近了解情况的地方观看各营地和军舰。

…………

我的计划是，在占领所有控制兵营和弹药库的位置并切断电报线路后，要求衙门中的总兵将其部队撤离（青岛）。我的副官海军上尉封·阿蒙（von Ammon）受此委托（前往衙门）。有一排水兵随行以保护他，因为翻译和其他了解中国人的人员说，在对欧洲人感到高深莫测的中国人的思想世界和道德中，不排除危及送达要求的人的生命的情况。

…………

（14 日）下午 2 点之后不久，来自炮兵营地和东大营的我们的士兵便一起集中在东大营中。我还做了一个简短的讲话，在讲话中我希望，德国的统治和文化将会在这里找到一个落脚地，德国旗帜被升起，并由"威廉亲王"号巡洋舰鸣放了 21 响礼炮。

当我下午 3 点左右回到衙门时，我看到报务员在电报机旁工作，而且得到了正好电流又接通的消息并收到了一份来自上海的电报。我等着并收到了一份相当长的密码电报，同时电告我，来自芝罘的第二封电报将到达。我读不出电报，因为密码簿在船上，但从以双重途径来发送（电报）推断出必然有重要内容。为不耽误时间，我以明码发电给海军总司令询问："7 日的命令已执行。一切都平静。

衙门中的这封电报在修好线路后立即发出。容回到船上后再做详细报告。"

收到的两份电报译码后是以下命令：

对至高无上的（皇帝）7日的命令稍做变动，将公告和占领中国地区推迟到中国对赔偿要求的答复到达和不令人满意止。在任何情况下，即使已经完成占领，在得到赔偿前，权且将其看作是抵押。不能行使主权。告诉您本人以下情况：俄国政府已经补充提出了对胶州湾的优先权，就此尚在谈判中。

海军上将（Köster）

我电告了这天的情况和收到以上命令，并补充："告示已公布，是占据，但非强占。不可能再收回。"驻东京和北京的公使馆同时收到了占领（胶州湾）的电报通知，已向沿（中国）海外国海军的司令以及香港总督发出了书面通知，并补充说：迄今有关利用胶州湾的有效规定，在没有新通知前依旧保持有效。

············

为了调查（胶州）湾内的东北部分和短时间占领胶州城，我随一天前（11月17日）中午1时从上海来的"阿尔柯纳"号（舰长为伯克尔）和"柯莫兰"号[舰长为海军少校布鲁撒蒂斯（Brussatis）]进到海湾内部……

············

通过在无云的天空中费力方可弄懂的探照灯信号，我于晚上得到了（驻芝罘）领事棱茨（Lenz）自芝罘转来的一封电报。电报说，总兵章高元请求增兵并且在距青岛30里处构筑工事。晚上11点海军上校蔡厄使用同一方法让人向我报告，他在距青岛以北约18千米处对胶州湾内部一个地方沧口进行侦察时遇到了这位总兵及其随从。这位总兵按照自己的说法要待在那里。由于有芝罘的电报他想明天逮捕这位总兵。根据这个消息我决定于黎明时返回青岛，并通过探照灯信号请蔡厄海军上校于早上到我舰上来。为此，尤其是我所熟悉的长官蔡厄海军上校的好战情绪感染了我。为便于外交谈判和使老百姓平静下来，要避免流血冲突，或尽可能避免粗暴的行动。我也一再重复了这种意义上的命令。尽管向我报告说，已正确地把信号传给了军事长官（蔡厄），但他还是一大早就到沧口去了，没有到我这里来，而当军舰到达青岛前时，他与总兵及其约50人的随从到了青岛……

11月20日，我与约200人动身去胶州城。在几经努力之后，未遇抵抗便进了胶州城。那里没驻有部队，只有一个很差的警察队，但如大多中国县城一样，有着双层高大厚重的城墙，并有护城壕沟。在我威胁要对实施反抗者严加惩罚之后，县令表示愿为满足我们眼下的需求效劳。只要他作为中国官员可能做到的，他后来也以理智的、值得赞许的方式表示了对我们的支持……

…………

章总兵给总理衙门的电报获得了成功，第二天即 11 月 30 日，北京电令他撤至芝罘。他将此通过 12 月 1 日的一封信告知了我，在（德国驻）北京公使于 12 月 3 日证实了电文的正确性之后，他随后被释放，海军上校贝克尔，还陪他走了一段路。

…………

1898 年 1 月 8 日，向胶州派出了 2 名军官和 92 名士兵，向即墨派出了一名军官和 50 名士兵，十日公使发电报来说："占领两座县城对于迄今有关修铁路权和开矿权细节的谈判有极好作用。"……

…………

1 月 22 日该是春节开始的日子，但 21 日晚很晚从登陆部队指挥部送来了报告，称一位中国翻译在一家鸦片馆中听到一个谈话。这个谈话称，一位扮作苦力的（中国）高级军官对青岛的营地进行了侦察（这件事很可能来自所说事情前我观察到的情况）。在平度的约 18 个兵营驻有近 10 000 名士兵，此外在胶州和即墨两城还有扮作农民和工人的士兵。在中国新年（春节）期间他们要袭击驻这两个城市的特遣队，然后可能对青岛采取行动。作为对其在节日期间假日的补偿士兵们已经提前放了三天假。以后的各个夜里将用于战斗行动。

…………

我决定，无论如何要确保我的特遣队免遭意外。我还在午夜时分就把指挥官们召集到一起，在海军少校布鲁撒提斯率领下，把一支配有两挺机枪的 200 人的部队派到即墨去。这支部队早上 7 时开拔，只携带了有限的行李，这样在晚上前便到达了相距 50 千米的地方。三小时后应有全副行李和辎重的 100 人跟进出发。海军少校帕斯陶（Pastau）接到命令，与胶州驻军一起撤至即墨，行军的理由是一起庆祝皇帝的生日。

…………

1898 年 2 月 7 日，"克雷费尔特（Crefeld）号"轮船载着装备有野炮和许多器材以及驻军用各种用具的水兵炮连到达。在卸货完毕后，2 月 11 日，按来自柏林的命令，驻军的管理和指挥移交给帝国海军部。中校衔的轻型护卫舰舰长特鲁泊（Truppel）接手管理，直到被任命为首任总督的海军上校罗森达尔（Rosendahl）到任。

....

结　语

　　《西兵东犯——德国侵占青岛纪实研究》以夏树忱先生所翻译的德国海军上将恩斯特·奥托·封·迪德里希于 1906 年 8 月，在巴登 – 巴登整理的《1897 年 11 月 14 日占领青岛手记》为基础参考，以大量中外史料为依据，较系统地阐述了德国侵占青岛前后的历史，对小到青岛地方史，大到中外关系史领域的研究，都具有积极意义，填补了德国侵占青岛军事行动全过程研究的空白。希望本书的出版，将有助于进一步发掘、拓展青岛历史文脉，存留地方历史文献，丰富岛城历史文化资源，对青岛老城区"申遗"工作也有一定的借鉴意义。

　　夏树忱先生耄耋之年仍坚持青岛近代历史的发掘、翻译与研究，在翻译《1897 年 11 月 14 日占领青岛手记》过程中，面对德文花体和潦草的手稿，以深厚的学养和很大的毅力，始终保持严谨、精准、负责任的态度，深层把握历史脉络，架起了历史文化研究的桥梁，并授权著者使用他翻译的史料文献，使得我们在编纂本书时，得到了捷径和主要史料支撑，并热情地为本书作序。我们钦佩夏树忱先生甘居幕后、默默奉献的精神。在此表示衷心感谢。

　　文史专家周兆利先生，建筑与遗产保护专家徐鹏飞先生、陈启先生抽出宝贵时间，本着专业精神，不吝赐教，为本书成稿和本书名称修订提出宝贵意见，在此特别表示感谢。中国海洋大学出版社张跃飞老师对书稿进行专业、严谨的审核和编校，在此表示感谢。

　　青岛市城市文化遗产保护中心开放服务部主任李莉对前言做英文翻译，中国石油大学（华东）杨一帆老师为书名英文翻译做了校译修订，青岛市博物馆副研究馆员许哲为相关资料核实提供了帮助，在此一并表示感谢。

　　本书编纂过程中，本着对历史负责的态度，以阎立津先生、车韬先生、刘云志先生、李明先生、托尔斯藤·华纳先生、青岛市档案馆、中国第一历史档案馆、青岛市民政局、青岛市政协文史研究会、青岛市博物馆、青岛市社会科学研究所等所著的著作为依据参考，丰富了本书历史资料和图片，以飨读者。个别引用的网络图片，因无法与作者取得联系，在此致歉。在此对以上著者一并表示感谢。

　　由于水平有限，本书难免有疏漏、不妥之处，敬请专家、读者给予批评指正。

著者

参考文献

〔德〕奥托·封·迪德里希：《1897 年 11 月 14 日占领青岛手记》，夏树忱译，未刊稿。

青岛市档案馆、中国第一历史档案馆编：《胶州湾事件档案史料汇编》（上册），青岛：青岛出版社，2011 年。

青岛市档案馆、中国第一历史档案馆编：《胶州湾事件档案史料汇编》（下册），青岛：青岛出版社，2011 年。

阎立津编著：《青岛图像志：卷一·建置初期》，青岛：青岛出版社，2023 年。

青岛市民政局编：《青岛市地名志》，青岛：青岛出版社，2022 年。

王建梅、董文祥：《美美与共——解读青岛德国总督官邸旧址东西方建筑文化与风格交融之美》，青岛：青岛出版社，2023 年。

青岛市政协文史研究会编、车韬著：《世纪光影——照片中的青岛旧事》，青岛：中国海洋大学出版社，2022 年。

青岛市博物馆、中国第一历史档案馆、青岛市社会科学研究所编：《德国侵占胶州湾史料选编（1897—1898）》，济南：山东人民出版社，1987 年。

〔德〕托尔斯藤·华纳：《近代青岛的城市规划与建设 》，青岛档案馆编译，南京：东南大学出版社，2011 年。

〔德〕华纳：《德国建筑艺术在中国——建筑文化移植》，柏林：Ernst & Sohn，1994 年。

〔德〕单维廉：《单维廉胶澳行政——胶澳地区的土地、税收和关税政策》，夏树忱译，未刊稿。

青岛市档案馆编：《见证青岛》，青岛：青岛出版社，2009 年。

青岛市档案馆编著：《德国侵占胶州湾研究》，青岛：青岛出版社，2017 年。

刘云志主编：《百年中山路：青岛中山路及其周边旧影（1898—1949）》，济南：山东画报出版社，2024 年。

李明：《青岛过客：青岛早期城市史上的德国人》，郭爱成等译，北京：新星出版社，2018 年。

青岛档案馆编：《青岛开埠十七年——〈胶澳发展备忘录〉全译》，北京：中国档案出版社，2007 年。

青岛市档案馆编：《胶澳租借地经济与社会发展——1897—1914 年档案史料选编》，北京：中国文史出版社，2004 年。